"十二五"国家重点图书出版规划项目

中国史话 社会系列

六盘水史话

A Brief History of Liupanshui

李再勇 主编

社会科学文献出版社
SOCIAL SCIENCES ACADEMIC PRESS (CHINA)

《中国史话》编辑委员会

主　　任　陈奎元

副 主 任　武　寅　高　翔　晋保平　谢寿光

委　　员　(以姓氏笔画为序)
　　　　　卜宪群　马　敏　王　正　王　巍
　　　　　王子今　王建朗　邓小南　刘庆柱
　　　　　刘跃进　孙家洲　李国强　张国刚
　　　　　张顺洪　张海鹏　陈支平　陈春声
　　　　　陈祖武　陈谦平　林甘泉　卓新平
　　　　　耿云志　徐思彦　高世瑜　黄朴民
　　　　　康保成　傅崇兰

秘 书 长　胡鹏光　杨　群

副秘书长　宋月华　薛增朝　黄　丹　谢　安

《六盘水史话》编辑委员会

主　　任　李再勇

副 主 任　杨宏远　范三川

成　　员　龚远鹏　赵　略　余朝林　李　瑜
　　　　　周应寿　李飞霜　高守亚　黄　笠
　　　　　林　梅

《六盘水史话》主要编撰者

主　　编　李再勇

执行主编　赵　略

副 主 编　黄　笠　林　梅

编　　辑　刘　军　陶　波

校　　对　孙　红　方　毅　邓　洋　冯香芬

撰　　稿　毕　封　王　娟　胡　松　杨兴宇
　　　　　　余漫江　陈　涛　张金文　薛　云

编　　务　陈　岚　罗　宇　张　丽

图片提供　钟新本　高锡杰　黄龙星　杨展凌
　　　　　　田中平　朱祖雄　张文博　王述慷
　　　　　　卢肇明　罗贤美　王立仁

总　序

中国是一个有着悠久文化历史的古老国度，从传说中的三皇五帝到中华人民共和国的建立，生活在这片土地上的人们从来都没有停止过探寻、创造的脚步。长沙马王堆出土的轻若烟雾、薄如蝉翼的素纱衣向世人昭示着古人在丝绸纺织、制作方面所达到的高度；敦煌莫高窟近五百个洞窟中的两千多尊彩塑雕像和大量的彩绘壁画又向世人显示了古人在雕塑和绘画方面所取得的成绩；还有青铜器、唐三彩、园林建筑、宫殿建筑，以及书法、诗歌、茶道、中医等物质与非物质文化遗产，它们无不向世人展示了中华五千年文化的灿烂与辉煌，展示了中国这一古老国度的魅力与绚烂。这是一份宝贵的遗产，值得我们每一位炎黄子孙珍视。

历史不会永远眷顾任何一个民族或一个国家，当世界进入近代之时，曾经一千多年雄踞世界发展高峰的古老中国，从巅峰跌落。1840年鸦片战争的炮声打破了清帝国"天朝上国"的迷梦，从此中国沦为被列强宰割的羔羊。一个个不平等条约的签订，不仅使中国大量的白银外流，更使中国的领土一步步被列强侵占，国库亏空，民不聊生。东方古国曾经拥有的辉煌，也随着西方列强坚船利炮的轰击而烟消云散，中国一步步堕入了半殖民地的深渊。不甘屈服的中国人民也由此开始了救国救民、富国图强的抗争之路。从洋务运动到维新变法，从太平天国到辛亥革命，从五四运动到中国共产党领导的新民主主义革命，中国人民屡败屡战，终于认识到了"只有社会主义才能救中国，只有社会主义才能发展中国"这一道理。中国共产党领导中国人民推倒三座大山，建立了新中国，从此饱受屈辱与践踏的中国人民站起来了。古老的中国焕发出新的生机与活力，摆脱了任人宰割与欺侮的历史，屹立于世界民族之林。每一位中华儿女应当了解中华民族数千年的文明史，也应当牢记鸦片战争以来一百多年民族屈辱的历史。

当我们步入全球化大潮的21世纪，信息技术革命迅猛发展，地区之间的交流壁垒被互联网之类的新兴交流工具所打破，世界的多元性展示在世人面前。世界上任何一个区域都不可避免地存在着两种以上文化的交汇与碰撞，但不可否认的是，近些年来，随着市场经济的大潮，西方文化扑面而来，有些人唯西方为时尚，把民族的传统丢在一边。大批年轻人甚至比西方人还热衷于圣诞节、情人节与洋快餐，对我国各民族的重大节日以及中国历史的基本知识却茫然无知，这是中华民族实现复兴大业中的重大忧患。

中国之所以为中国，中华民族之所以历数千年而不分离，根基就在于五千年来一脉相传的中华文明。如果丢弃了千百年来一脉相承的文化，任凭外来文化随意浸染，很难设想13亿中国人到哪里去寻找民族向心力和凝聚力。在推进社会主义现代化、实现民族复兴的伟大事业中，大力弘扬优秀的中华民族文化和民族精神，弘扬中华文化的爱国主义传统和民族自尊意识，在建设中国特色社会主义的进程中，构建具有中国特色的文化价值体系，光大中华民族的优秀传统文化是一件任重而道远的事业。

当前，我国进入了经济体制深刻变革、社会结构深刻变动、利益格局深刻调整、思想观念深刻变化的新的历史时期。面对新的历史任务和来自各方的新挑战，全党和全国人民都需要学习和把握社会主义核心价值体系，进一步形成全社会共同的理想信念和道德规范，打牢全党全国各族人民团结奋斗的思想道德基础，形成全民族奋发向上的精神力量，这是我们建设社会主义和谐社会的思想保证。中国社会科学院作为国家社会科学研究的机构，有责任为此作出贡献。我们在编写出版《中华文明史话》与《百年中国史话》的基础上，组织院内外各研究领域的专家，融合近年来的最新研究，编辑出版大型历史知识系列丛书——《中国史话》，其目的就在于为广大人民群众尤其是青少年提供一套较为完整、准确地介绍中国历史和传统文化的普及类系列丛书，从而使生活在信息时代的人们尤其是青少年能够了解自己祖先的历史，在东西南北文化的交流中由知己到知彼，善于取人之长补己之短，在中国与世界各国愈来愈深的文化交融中，保持自己的本色与特色，将中华民族自强不息、厚德载物的精神永远发扬下去。

《中国史话》系列丛书首批计200种，每种10万字左右，主要从政治、经济、文化、军事、哲学、艺术、科技、饮食、服饰、交通、建筑等各个方面介绍了从古至今数千年来中华文明发展和变迁的历史。这些历史不仅展现了中华五千年文化的辉煌，展现了先民的智慧与创造精神，而且展现了中国人民的不屈与抗争精神。我们衷心地希望这套普及历史知识的丛书对广大人民群众进一步了解中华民族的优秀文化传统，增强民族自尊心和自豪感发挥应有的作用，鼓舞广大人民群众特别是新一代的劳动者和建设者在建设中国特色社会主义的道路上不断阔步前进，为我们祖国美好的未来贡献更大的力量。

陈奎元

2011年4月

出版说明

自古至今，始终坚持不懈地从漫长的文明进程中不断总结历史经验教训，从中汲取有益营养，从而培植广阔的历史视野，并具有浓厚的历史意识，这是我们中国文化独有的鲜明特征，中华民族亦因此而以悠久的"重史"传统著称于世。在整个人类文明史上独一无二、系统完备的"二十四史"即证明了这一点。

中华人民共和国成立后，历史知识普及工作被放到十分重要的位置。20世纪五六十年代，著名历史学家吴晗主持编写的《中国历史小丛书》，90年代中国社会科学院院长胡绳组织编写的《中华文明史话》和《百年中国史话》，成为"大家小书"的典范，而后两套历史知识普及丛书正是《中国史话》之缘起。

2010年年初，为切实贯彻中央关于"做好历史知识普及工作"的指示精神，同时也为了更好地弘扬中国传统文化，我们对《中华文明史话》和《百年中国史话》

两套丛书的内容进行了修订和增补,重新设计框架,以"中国史话"为丛书名出版。第十一届全国政协副主席、时任中国社会科学院院长陈奎元亲任《中国史话》一期编委会主任,时任中国社会科学院副院长武寅任编委会副主任。正是有了各级领导的关心支持和诸多学术名家的积极参与,《中国史话》一期200种图书得以顺利出版,并广受好评。

《中国史话》丛书的诞生,为历史知识普及传播途径的发展成熟,提供了一种卓具新意的形式。这种形式具有以通俗表述、适中篇幅和专题形式展现可靠历史知识的特征。通俗、可靠、适中、专题,是史话作品缺一不可的要素,也是区别于其他所有研究专著、稗官野史、小说演义类历史读物的独有特征。

囿于当时条件,《中国史话》一期的出版形式不尽如人意,其内容更有可以拓展的广阔空间,为此2013年4月我们启动了《中国史话》二期出版工作。《中国史话》二期分为经济、政治、文化、社会和生态五大系列,拟对中国各区域、各行业、各民族等的发展历史予以全方位介绍。我们并将在适当时机,启动《世界史话》的出版工作。史话总规模将达数千种。

我们愿携手海内外专家学者,将《中国史话》《世界史话》打造成以现代意识展现全部人类历史和人类文明,集学术性、知识性、趣味性于一体的"万有文库"；并将承载如此丰厚内容的史话体写作与出版努力锻造成新时期独具特色的出版形态。

希望史话丛书能在形塑民族历史记忆、汲取人类文明精华、培育现代国民方面有所贡献，并为广大读者所喜爱。

史话编辑部
2014 年 6 月

目录 Contents

序 ·· 1

一 市情概览 ·· 1
  1. 六盘水概况 ·· 1
  2. 从"江南煤都"到"中国凉都" ·················· 6

二 地名由来及建置沿革 ································ 10
  1. 地名由来 ··· 10
  2. 建置沿革 ··· 13

三 史海钩沉 ·· 17
  1. 境内众多的古人类文化遗址 ····················· 17
  2. 神秘夜郎古国的中心地域 ························· 18

3. 郎岱民先队与抗日救亡 …………………… 20
   4. 红军长征过六盘水 ………………………… 22
   5. 古城三月烽烟浓 …………………………… 33
   6. 阳长突围战 ………………………………… 41
   7. 解放前对六盘水的开发 …………………… 46
   8. "三线建设"催生六盘水市 ……………… 48
   9. 六盘水市与十一届三中全会的因缘 ……… 51

四 历史名人 ……………………………………… 53

五 地域文化 ……………………………………… 66
   1. 风格迥异的民间舞蹈 ……………………… 67
   2. 特色鲜明的民间音乐 ……………………… 72
   3. 积淀深厚的民间文艺 ……………………… 77
   4. 五彩缤纷的民间节日 ……………………… 85
   5. 独特精湛的民间美术 ……………………… 88
   6. 绚丽多彩的民族服饰 ……………………… 92
   7. 粗犷古拙的水城农民画 …………………… 104
   8. 如火如荼的三线文化 ……………………… 105

六 特色景观 ……………………………………… 108
   1. 古老神秘的牂牁江 ………………………… 108
   2. 巍峨壮丽的乌蒙山国家地质公园 ………… 110
   3. 绚丽多彩的明湖国家湿地公园 …………… 112
   4. 舒爽怡情的凉都国际休闲城 ……………… 113

5. 山地运动休闲的野玉海国际旅游度假区 …………… 114
6. 六枝郎岱 ……………………………………… 115
7. 六枝岩脚 ……………………………………… 122
8. 盘县城关 ……………………………………… 127
9. 钟山荷城 ……………………………………… 134

七　现代风貌 ……………………………………… 139
　1. 特色都市 ……………………………………… 139
　2. 产业发展 ……………………………………… 142
　3. 生态建设 ……………………………………… 146

后　记 ……………………………………………… 150

序

六盘水市位于贵州西部，有"贵州屋脊·中国凉都""江南煤都"和"十里钢城"的美誉，是全国63个典型的煤炭资源型城市之一，是国家确定的"攀西—六盘水资源综合开发区"和贵州省委、省政府确定的"毕水兴经济带"的重要组成部分。"三线建设"时期，国家为开发贵州西部煤炭资源，在六枝、盘县、水城境内建立煤炭基地，于1970年12月成立六盘水地区。1978年12月18日，经国务院批准撤地建市，现辖4个县级行政区和5个省级经济开发区，101个乡（镇、街道），1036个行政村和144个社区，总面积9965平方公里，人口320万。

资源富集

六盘水境内有煤、铁、锰、锌等30余种矿产资源，其中煤炭资源远景储量844亿吨，探明储量180亿吨，保有储量

168亿吨；水能资源理论蕴藏量150万千瓦，技术可开发量115万千瓦。风能资源总储量约567万千瓦，技术可开发量193万千瓦。六盘水具有水、火、风互济的能源组合优势，是国家规划建设的十大煤炭基地的重要组成部分和"西电东送"工程的主战场，是南方重要的能源、原材料和煤化工基地。通过"三线建设"以来近半个世纪的努力，六盘水市建成了一批大型骨干企业。水钢、盘江、水矿三大企业先后进入"百亿企业"行列，其中水钢在2009年全国500强企业中排第343位，2011年盘江、水矿在全国煤炭行业100强中分别排第47位和第53位。2009年9月，国务院将六盘水市定为全国资源富集区循环经济试点城市。

气候凉爽

六盘水境内年平均气温12.3℃～15.2℃，其中夏季最热月平均气温19.7℃，全年凉爽舒适级和舒适级以上的时间为223天以上，是夏季避暑纳凉的理想选择之地。2005年8月，中国气象学会专家组认定，六盘水具有"凉爽、舒适、滋润、清新，紫外线辐射适中"的气候特点，授予其"中国凉都"称号。2010年以来，全市空气质量优良率每年达100%，其中2012年空气质量优的天数达到231天。六盘水市先后多次被评为"全国十佳绿色环保标志城市""全国十佳旅游避暑城市"，并被列入"中国特色魅力城市200强"。

景色独特

六盘水境内山峦众多，绵延起伏；沟壑纵横，深幽险峻；地势西北高，东南低。六盘水山奇水秀，融民族风情和喀斯特地貌风光于一体的旅游风景别具一格，景区景点独具特色，有亚高原户外运动、文化体验、避暑养生基地——野玉海国际山地旅游度假区；大型湖滨度假、水上运动、户外赛事基地——牂牁江湖滨旅游度假区；现代与休闲、城市与农村相结合的大型旅游城市综合体——百车河生态旅游度假区；"世界活化石基地、中国古银杏之乡"——妥乐古银杏旅游景区；"高原牧场、佛光胜景"——坡上草原景区；以地质科普、户外运动、高原观光为特色的复合型山地旅游度假基地——韭菜坪旅游景区；以乡村农业观光体验、养生休闲度假为特色的旅游景区——陇脚月亮河景区等。

区位较好

六盘水与昆明、成都、贵阳、南宁4个省会城市和直辖市重庆的距离均在300～500公里，是国家确定的196个公路交通枢纽城市之一。320国道横贯东西，贵昆铁路、南昆铁路、内昆铁路、水红铁路在六盘水交会，是内地南下出海、进入东南亚的重要陆路交通走廊。在建的沪昆高铁、杭瑞高速、六镇高速、水威高速、盘兴高速和六盘水月照机场等重大交通项目建成后，六盘水的区位优势将进一步凸显。中国科学院院士叶大年先生根据其提出的城市对称分布理论，预言六盘水市将发展成为我国西南地区的一个大城市。

文化厚重

六盘水是史前古人类的重要栖息地，具有丰富的史前文化、长征文化、"三线文化"和民族民间文化，盘县大洞被评为1993年全国考古十大发现之首。水城县被文化部命名为

"中国现代民间绘画画乡"(1998)、"中国民间绘画艺术之乡"(2008)。六盘水市有汉、彝、苗、布依、白、回等38个民族,其中少数民族占总人口的28%,民族民间文化丰富多彩。同时,六盘水作为一个移民城市,海纳百川、开放包容,外来文化与本土文化交相辉映、独具特色。

六盘水作为因煤而建、因煤而兴的资源型城市,经过"三线建设"以来的努力,逐步发展成为以煤炭、电力、钢铁、建材和装备制造为支柱的工业城市,资源型产业比重大、产业结构单一、发展方式粗放、资源消耗严重、环境压力大的问题也日渐突出。面对新的形势和任务,市委、市政府作出了实施工业化、信息化、城镇化、农业现代化的战略,打造现代特色都市,全面建设具有实力、魅力、活力的文明幸福六盘水,与全省、全国同步全面建成小康社会的重大决策部署,大力调整优化经济结构,转变经济发展方式,推动产业结构升级,促进区域协调发展,全力推动转型发展、创新发展、可持续发展。特别是通过承办第八届贵州旅游产业发展大会,六盘水大力加强城市功能性基础设施、旅游基础设施和接待服务设施建设,积极培育发展新的产业业态,大力发展旅游休闲度假产业,全力打造"中国旅游休闲度假目的地城市",逐步实现了从"江南煤都"到"中国凉都"的华丽转身,初步闯出了一条从资源型城市到旅游助推城市整体转型的路子。

中国社会科学院社会科学文献出版社将《六盘水史话》纳入"十二五"国家重点图书出版规划项目《中国史话》丛书出版发行,我们深感荣幸和自豪。《六盘水史话》集"史情、地情、民情"于一体，熔"史料性、地域性、民俗性"于一炉，可称"市情百科"。希望广大读者能够通过这部书了解中国凉都六盘水，关心中国凉都六盘水。320万凉都人民，热情欢迎各位读者莅临六盘水观光旅游、休闲避暑、度假养生、投资创业、工作生活。

在本书即将出版之际，承蒙《中国史话》编撰委员会专家学者们惠予审阅、悉心指导，在此，谨致深切的感谢！

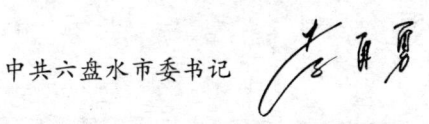

中共六盘水市委书记

2014年7月

一　市情概览

1　六盘水概况

位于贵州西部的中国凉都六盘水，系贵州靓丽的三大城市之一，地处神秘的乌蒙山区，因取六枝、盘县、水城三地的头字而得名。土地面积9965.37平方公里，东邻安顺，南连黔西南州，西接曲靖，北毗毕节。1978年，国务院批准建市，省辖，下设六枝、盘县、水城、钟山4个县级行政区，101个乡、镇（街道办）。全市总人口约320万，有少数民族44个，人口约83.83万，民族乡50个，其中有彝族等世居少数民族7个。现有产业园区12个，规划总面积462.68平方公里。市人民政府驻钟山区，市中心城区面积60余万平方公里，人口约60万，2012年城镇化率达到41%。六盘水正由一座以煤炭采掘工业为基础，冶金、电力、建材、矿山机械工业综合发展的能源型重工业城市，向观光、旅游、投资、工作、生活的中国旅游休闲度假目的地城市转变。

凉都美景

地理资源

六盘水境内有发育典型、类型齐全的岩溶地貌。山峦众多，绵延起伏；沟壑纵横，深幽险峻。地势西北高，东南低。最高点为人称"贵州屋脊"的韭菜坪，海拔2900.6米；最低点为六枝毛口的北盘江大峡谷，海拔586米。境内峰众、谷深、景色秀美。六盘水属亚热带湿润季风气候地区，整体气温变化幅度小，冬暖夏凉，气候宜人。地处长江和珠江水系分水岭，长江水系以乌江上游三岔河为干流，分布于市境北部；珠江水系以北盘江为干流，由西向东横贯市境中部；南盘江支流分布于市境南部边缘。受岩溶地貌影响，河谷深，河床窄，水流急，落差大，水能资源丰富。

动植物资源

六盘水境内的动物主要有国家一级保护动物华南虎（野生华南虎现已绝迹）、黑叶猴、白鹳、白冠长尾雉等，二级保护动物白腹锦鸡、猕猴等，三级保护动物鸢、苍鹰、鹊鹞、西南黑熊等。境内植物有国家一级保护树种水杉和秃松，二级保护树种银杏、红豆杉等，三级保护树种西康玉兰等。森林覆盖率达37%左右。

矿产资源

素有"江南煤海""江南煤都"之称的中国凉都六盘水，是贵州最大的产煤地之一，是长江以南最大的煤炭基地，远景储量达844亿吨。大大小小的煤矿星罗棋布，"十一五"到"十二五"期间，全市有大、中型煤矿40对，小型煤矿308对，煤炭产业成为重要的支柱产业，撑起了六盘水经济的半壁江山。

除煤炭外，六盘水已发现矿种有铁、铅、锌、铜、锑、镍、铀、黏土等30余种。已探明储量的有煤、铁、铅、锌、铀等，其中以煤、铁、铅、锌储量为最，煤储量居贵州省之首。

旅游资源

中国凉都六盘水，山奇水秀，气候宜人，民族风情和喀斯特地貌风光融为一体、别具一格。喀斯特自然风貌、古文化遗址、多个少数民族的灿烂文化，犹如颗颗璀璨的明珠，镶嵌在乌蒙山腹地。有"地海浮山"之誉的麒麟洞公园、明湖湿地公园、凤池园，亚洲最早的六枝梭戛生态博物馆，北盘江大峡谷、乌蒙大地缝的奇山异景，万亩竹海风景名胜区，记载人类起源、进化和环境演变的盘县大洞旧石器遗址，以半部藏经闻名的丹霞山，《徐霞客游记》记载的岩溶幽景碧云洞，提供古植物演化进程的妥乐千株古银杏、高原草场，红军第二、第六军团过盘县时的会议旧址——九间楼，水城野钟黑叶猴自然保护区、野玉海景区、天生桥，水城南开苗族跳花节、玉舍和盘县普古彝族火把节，六枝坝湾布依族六月六节等。市区的人民广场、三线建设博物馆、美术馆、体育中心、凉都大剧院、凤凰山城市综合体等标志性建筑，加上"冬无严寒、夏无酷暑"的气候，为六盘水的旅游提供了"天时、地利、人和"的条件，六盘水堪称海内外客商休闲、观光、投资、兴业的好去处。

交通

伴随着株六、六沾铁路复线、水柏铁路、内昆铁路、南编组站的建成，六盘水处于华南、西南铁路大通道交会点，形成北上四川入江，南下广西入海，东出湖南到华东，西进云南入东南亚的铁路大"十"字，成为西南地区重要的铁路枢纽城市。方便、快捷的铁路，不仅改变了西南路网结构，增加了路网的灵活性，还增加了内陆城市与沿海城市的联系，促进了地区的物资交流、市场繁荣，对区域经济发展起着重要作用。在未来的五年中，六盘水市将建成毕水兴线、黔桂线、织纳水线、贵金六线、六攀线等一系列高速铁路和城际铁路。在高速公路方面，镇胜高速、水盘高速、杭瑞高速、俄都发高速公路、水六高速、六威高速等高速公路，搭建出六盘水四通八达的高速公路网。航空方面，建设中的月照机场，为4C级国内支线机场，计划2014年夏季通航，主要航线为六盘水至贵阳、成都、昆明、北京、上海等城市。

经济社会

六盘水市第六次党代会召开以来，明确提出了建设"五个六盘水"、三地同城化发展、进入全省第一方阵、五年固定资产投资累计超过8000亿元等目标。围绕确定的宏伟目标，全市上下齐心协力、扎实工作，经济社会进入了高速发展的时期，各项工作取得了突飞猛进的成效。

2013年，全市生产总值完成882.11亿元，增长15.9%，人均生产总值突破3万元；财政总收入完成178.31亿元，公共财政预算收入完成123.59亿元，分别增长9.88%和19.02%；全社会固定资产投资完成1480亿元，增长35.9%，其中50万元以上固定资产投资突破千亿元大关，完成1054.93亿元，增长37.7%；社会消费品零售总额完成209.33亿元，增长14.5%；城镇居民人均可支配收入达19620元；农民人均纯收入达5934元，增长14.5%；金融机构存、贷款余额分别为754.42亿元、599.88亿元，分别增长11.57%、18%。全面小康实现程度达73.4%，提高4个百分点。全省增比进位预排名，从2012年的第5位上升至第3位，盘县进入西部十强县和全国百强县，填补了贵州全国百强县的空白。

盘县淤泥河新农村建设

特产美食

六盘水市的特产主要有猕猴桃、杜仲、天麻、核桃、六枝岩脚面、郎岱酱、水城姜茶、水城春茶、盘县白果等,美食主要有水城羊肉粉、烙锅、盘县糯米鸡、六枝落别狗肉等。

2 从"江南煤都"到"中国凉都"

第八届贵州旅游产业发展大会兑现了"圆满、出彩、精彩"的庄严承诺,让六盘水呈现出"发展提速、投资增加、转型加快、业态创新、民生改善、形象提升、位次前移"的喜人态势,逐步实现了从"江南煤都"到"中国凉都"的华丽转身。六盘水市推进产业转型升级,逐步摆脱路径依赖,走出资源陷阱,防止矿竭城衰;六盘水走出了一条资源型城市旅游助推城市整体转型的路子。放大"旅发大会效应",全力抓好"后旅发时代"各项工作,打造以特色文化、避暑休闲度假、山地户外体育旅游为重点的国内优秀旅游目的地。

江南煤都

六盘水因煤立市、因煤兴市,有"江南煤都"之称,是我国长江以南最大的煤炭资源基地,同时也是江南地区重要的煤炭和钢铁工业基地。煤炭品种全、质量好、易开采,煤层气和浅层天然气的储量在 1 万亿立方米以上。六盘水是国家确定的"攀西—六盘水资源综合开发区"的重要组成部分,是全国国土资源重点开发的地区,又是国家西部大开发中南贵昆经济带的重要结点城市。

"三线建设"时期,党中央、国务院为了把六盘水建设成为西南地区的能源基地,用十万大军开发建设六盘水,出现了六盘水开发史上的第一个黄金时期。改革开放特别是西部大开发以来,六盘水已成为贵州省"西电东送"的主战场和"黔煤外运"的主要基地。六盘水50%以上的优质原煤、80%以上的发电量、60%以上的焦炭及钢铁的绝大部分都源源不断地输往贵州省内及西南、华南诸省(区、市)。市内有水矿、六枝工矿、盘江精煤、首钢水城钢铁、野马寨电厂、发耳电厂、响水电厂等一大批大中型企业。煤炭、电力、冶金、建材成为六盘水的支柱产业。六盘水无论是在"备战备荒"的"三线建设"时期支撑国防工业发展,还是改革开放时期支持江南诸省乃至全国经济建设,都做出了重大贡献。

水钢料场全景图

中国凉都

　　光绪二年(1876)的《水城厅采访册》记载:"水城地分五里:曰永顺,曰常平,曰崇信,曰时丰,曰岁稔。永顺里附城,常平里在城西北,崇信里在城东北,地势高,多寒。《省志》云：'山高气寒，雾雾朦胧，四时皆然。'又云五六月无酷暑，箐林树木经冬不凋者是也。每岁立春月余，桃杏始葩；夏多雨，雨即寒，恒衣绵；秋多阴；冬多积雪。田功则二月动犁，三月播种，四月插禾，八九月纳稼。而田无膏腴，土多硗确，故收获恒迟。"

"冬无严寒，夏无酷暑"的六盘水，7月平均气温为19.7℃，凉爽宜人的气候为众多旅游者和国内外专家学者所称道。2004年，六盘水市委、市政府决定打造"凉都"品牌，为以能源原材料为主要优势的"江南煤都"奠定了一个新的可持续发展空间。2005年7月，"中国凉都·六盘水"课题研究成果报中国气象学会审定，2005年8月12日，经过多轮针对核心问题的质询后，专家委员会认为，"中国凉都·六盘水"课题组从大气、气象、环保、医疗等方面进行的论证，充分阐明了六盘水市夏季凉爽、舒适、滋润、清新、紫外线辐射适中等独具特色的气候特点和得天独厚的气候资源优势，论证缜密、方法得当，论证结论科学可靠。

2005年8月12日，中国气象学会向六盘水颁发证书：经中国气象学会组织的专家委员会评审认定，贵州省六盘水市可称为"中国凉都"。2005年8月18日，六盘水市政府在贵阳举行的新闻发布会宣布，六盘水市成为中国第一个以气候资源优势命名的城市。2007年5月，贵州省德育指导中心对《中国凉都——六盘水》一文考察初审，在全省专题研讨会上讨论通过后送全国德育教材委讨论，全国德育专家组评审通过，《中国凉都——六盘水》入选德育教材。

独特的地理位置使六盘水市气候凉爽，常年无夏，春秋相连。专家们通过检索中国 730 多个气象站点的观测数据，与全国 17 个避暑胜地相对比，六盘水市夏天的人体感觉舒适程度占明显优势，夏季平均气温不超过 20℃，其中每年 6 月、7 月、8 月的平均气温分别为 18.3℃、19.7℃和 19.2℃。六盘水市近年获得"十佳绿色环保标志城市""全国循环经济试点城市""十佳投资环境城市""十大生态文明""全国十大避暑旅游城市"等称号。

明湖山水秀

二 地名由来及建置沿革

1 地名由来

六盘水市下辖六枝、盘县、水城、钟山4个县级行政区，各区（县）名称由来各有其不同的历史。

六枝特区"六枝"地名的含义

六枝特区地处六盘水市的东部，是其东大门，系"三线建设"时期由原六枝特区与郎岱县合并而成的，距省会贵阳172公里，距六盘水市中心城区98公里。东连镇宁、普定两县，南接关岭，西靠水城，北抵织金、纳雍，西南与晴隆、普安两县接壤。

"六枝"作为地名始于清雍正年间，贵州大规模改土归流之际。雍正九年（1731），清廷以郎岱长官司陇氏地、西堡长官司沙氏地、西堡副长官司温氏地并永宁（今关岭县）一部分地设立郎岱厅。厅设流官后，将属地划为七枝：郎岱为本枝居西南隅，正北为下枝，正东为西堡枝，西北为上枝，东北为化处枝，东南隅为木岗枝，上、下、本、西堡四枝之间为六枝。道光年间七枝改为十里，六枝作为集镇名被保留下来，并成为十里之一的时合里的治所。民国以后，这里一直是区署驻地。解放后，随着公路、铁路的贯通和煤矿的兴建，六枝的经济区位优势逐渐凸显。1960年5月，撤郎岱县，设六枝市，市机关驻六枝下营盘。1962年国民经济调整，大部分煤矿下马，六枝改市为县。1965年"三线建设"兴起，11月六枝矿区成立，1966年2月改名六枝特区，六枝县复名郎岱县，机关迁回郎岱。1970年12月郎岱县与六枝特区合并，称六枝特区。

盘县因盘江而得名

盘县位于六盘水市西南部，东邻普安，南接兴义，西连云南省富源、宣威，北邻水城。地处贵州通往云南的交通要道，素有"黔滇咽喉"之称。全境南北长107公里，东西宽66公里，总面积4056平方公里。县人民政府驻地红果镇。

盘县以江为名，"古盘州因盘江以命名"。盘县战国时置，汉初为夜郎地，其主要居民为濮人。"濮"是彝族先民对仡佬族先民的称呼，彝族先民对濮人居住过的地方往往冠以"濮"（普）字，盘江即被称为"濮吐诸衣"。在汉语中"濮""盘"音相近，按汉语构词法，以"盘"作"濮吐诸衣"的省读，加地名通名"江"，"濮吐诸衣"于是被译作"盘江"。《华阳国志·南中志》载："宛温县北三百里有盘江。"乾隆《普安州志》"（唐）太宗时改西平为盘州"句后加有按："地有盘江，故名。"《兴义府志》和《厅志》在述及盘州时，也分别有"因江以命名也"和"以盘江为名"的说法。民国31年

（1942）11月由盘县县长车祖瑜填报的《中国行政区域志贵州省盘县资料调查表》开篇在《县名释义》中说："本县为南盘江上流，江水合流，溯源于此。以此取义，故名之为盘县。"从唐代的"盘州"到元明清的"普安路（府、卫、州、直隶厅）"，再到民国后的"盘县"，盘县都以江为名。"盘"和"普安"实际是同一读音的不同汉译。清宣统元年（1909），普安直隶厅改称盘州厅，原因是为与清顺治年间析普安州地设立的普安县相区别。民国2年（1913），盘州厅更名为盘县。1970年，盘县与盘县特区合并为盘县特区。1999年2月28日，民政部同意撤销盘县特区，设立盘县，以原盘县特区的行政区域为盘县的行政区域，将盘县人民政府驻地由城关镇迁至红果镇。

"水城"之名的由来

水城县位于贵州省西部，地处六盘水市腹地。东邻六枝特区和纳雍县，西接威宁县和云南省宣威市，南抵盘县和普安县，北与赫章县毗邻。今水城县境，秦属汉阳县辖地；明属水西宣慰司辖地，水西分中水、下水、底水三部，底水即今水城县境地。清康熙三年（1664），吴三桂进伐水西宣慰使安坤；康熙五年（1666），以安坤统地设大定府，水城属大定府。雍正十一年（1733），建水城厅，划大定府之永顺、常平二里归水城厅管辖。乾隆四十一年（1776），再划远州（今织金县）之崇信、时丰、岁稔三里入水城厅。民国2年（1913），水城厅改为水城县，设县公署，隶属贵西道；民国12年（1923），命名水城县隶属贵州省；民国24年（1935），水城县隶属第四行政督察区（毕节）。

"水城"之名始于雍正十年（1732）。今水城县境明代为水西宣慰司辖地，清初为大定府辖地。雍正十年，因军事需要在水城坝子下钟山西麓筑土城，城壕外四面皆平田，春夏河水暴涨，田塍隐没，上下数十里渺渺然若湖海，故得名"水城"。城四围女墙曲折环抱，形如荷叶浮水，故又别名"荷城"。

凤池园全景

钟山区因钟山而得名

钟山区是1987年年底经国务院批准，1988年3月建立的市辖县级行政区，坐落于拥有"中国凉都""江南煤都"之称的六盘水市中心城区，是六盘水的政治、经济、文化、交通、信息和金融中心。钟山区因境内有上钟山、下钟山而得名。

2 建置沿革

今六盘水市辖境，在春秋时期为牂牁国属地；战国时期，为夜郎国属地，金属工具已投入使用，战国时的六盘水辖境已进入农耕时代并反映奴隶制生产关系的特征；秦统一中国后，为巴郡汉阳县属地；汉代，中央王朝派使者通往六盘水境内，设立郡县，市境内分属牂牁郡夜郎县、宛温县、平敕县和犍为郡汉阳县、鄨县，郡县设立后，驻军推行了屯田政策，这时大批移民迁入夜郎地区，促进了当地政治、经济、社会、文化的发展。东汉以后，屯田制逐渐被瓦解，许多豪民发展成为封建贵族，反映了封建制生产关系的特征。

三国魏晋南北朝时期，彝族先民从滇东北向今市境内和黔西广大地区发展，逐步战胜了当地的濮人而占有其地，实行了封建领主制统治。三国时期，六盘水市境内分属"南中"的牂牁郡平夷县和兴左郡宛温县；晋时，市境仍属牂牁郡平夷县和兴左郡宛温县。隋时，改郡为州。唐时，今市境内南为盘州地，北为汤望州地。中央王朝通过土官实施对其地的间接统治，将二州合并为羁縻州。唐后期至宋末，中央王朝对土酋封以王号，借助土酋力量对抗南诏国和大理国。六盘水市境内作为缓冲地带，南为于矢部地，东北为牂牁国（后称罗殿国），北为罗氏鬼国，这三个藩国均为少数民族政权。

元代，于矢部地被命为于矢万户，后改为普安路总府；罗殿国被命为普定万户，后改为普定府；罗氏鬼国被命为八番顺元宣慰司。朝廷的二府一司实行土司制度。土司在其领地内仍然"世有其土，世长其民"。

明代，六盘水市境内社会制度有了新的发展，中央王朝改土官的间接统治方式为任命流官直接统治的方式，即改土归流。明永乐十三年（1415），普安路总府改为普安州，设流官知州，普定府改为西堡官司，八番顺元宣慰司改为贵州（水西）宣慰司。由于政治制度的变革、经济的发展、社会的进步，中原文化开始渗入。清雍正年间，境内改土归流基本结束，境内北设水城厅，东设郎岱厅，南设普安州。从此，中央政权实行了对县级政区的直接统治，延续千余年的领主制被地主制取而代之。地主制经济取代了过去领主制经济，实物地租取代了劳役地租，自耕农相对于农奴有了较大的人身自由。

民国时期，六盘水市境内设水城县、盘县、郎岱县。

随着流官统治制度的进一步推行，六盘水市境内自清代以后社会、经济得到了较大的发展，交通状况得到改善，教育文化事业得到发展，农业生产方式大为改进，粮食产量大幅提高，手工业和商业显著发展，采掘业和冶炼业逐步兴起和发展。

清朝中后期，贫苦百姓"数年不能更衣，终年不得盐"，不堪忍受苛征暴政的各族人民进行了无数次武装起义，与太平天国运动遥相呼应，一批有识之士走上革命道路，为推翻封建统治做出了贡献。在国民党的黑暗统治时期，六盘水市境内社会矛盾日益激化，人民反抗斗争未曾中断。中国工农红军途经六盘水，得到各族儿女的热情拥护和支持，人民群众看到了光明。抗日战争时期，六盘水各县开展了声势浩大的抗日救亡运动，数千名爱国青年奔赴抗日前线，数百名将士为国捐躯，为中华民族的解放事业做出了伟大的贡献。

中华人民共和国成立后，1949年12月至1950年2月，六盘水市境内的盘县、郎岱县、水城县相继解放。紧接着六盘水市顺利地完成了"清匪、反霸、征粮、减租、退押"五大任务，并用两年左右的时间完成了土地改革。到1956年六盘水市境内各县基本完成了对农业、手工业、资本主义工商业的社会主义改造，社会主义制度得以建立。

三　史海钩沉

1　境内众多的古人类文化遗址

六盘水市是一个年轻的新兴工业城市，也是一个人文历史积淀深厚的城市，是史前古人类的重要发源地之一，贵州省发现的早期智人主要分布在六盘水境内。盘县大洞出土的距今30多万年的人牙化石，呈现出直立人向早期智人过渡的特征，被命名为"大洞人"。水城硝灰洞出土的距今8万年的人牙化石具有早期智人的特征，被命名为"水城人"。六枝桃花洞出土的距今1万多年的人股骨化石也具有早期智人的特征，被命名为"桃花洞人"。盘县大洞遗址的发现和发掘，不仅将六盘水市人类生活的历史提早到距今30多万年的旧石器时代，还使六盘水市成为研究诸如人类起源和体质进化、早期族群迁徙和文化传播、旧石器时代向新石器时代过渡和夜郎文化来源等问题的新热土。

2012年11月至2013年4月,经贵州省文物局批准,贵州省考古研究所和六盘水市文物局联合进行了六盘水市史前至夜郎时期区域考古调查,考古工作者通过艰辛的野外调查,共新发现100余处史前至夜郎时期古文化遗存。在六枝特区、盘县、水城县和钟山区均有重要新发现,加之过去已有的遗址,六盘水市发现的史前至战国秦汉时期(古夜郎时期)古文化遗址有123处,六盘水市也一改过去考古遗址稀少的状况,成为贵州省早期古文化遗址最丰富的地区之一。

2 神秘夜郎古国的中心地域

战国时期,夜郎已是雄踞西南的一个少数民族君长国。司马迁《史记·西南夷列传》记载:"西南夷君长以什数,夜郎最大","窃闻夜郎所有精兵,可得十余万"。

汉武帝建元六年(前135),大行令王恢攻打闽越,闽越杀死闽越王郢以回报汉朝。王恢凭借兵威派番阳令唐蒙把汉朝出兵的意旨委婉地告诉了南越。南越派人拿蜀郡出产的枸酱送给唐蒙,唐蒙询问从何处得来,南越人说:"取道西北牂牁江而来,牂牁江宽度有几里,流过番禺城下。"唐蒙回到长安,询问蜀郡商人,商人说:"只有蜀郡出产枸酱,当地人多半拿着它偷偷到夜郎去卖。夜郎紧靠牂牁江,江面宽数百步,完全可以行船。南越想用财物使夜郎归属自己,可是他的势力直达西边的同师,但也没能把夜郎像臣下那样加以役使。"唐蒙就上书武帝说:"南越王乘坐黄屋之车，车上插着左纛之旗，他的土地东西一万多里，名义上是外臣，实际上是一州之主。如今从长沙和豫章郡前去，水路多半被阻绝，难以前行。我私下听说夜郎所拥有的精兵有十多万，乘船沿牂牁江而下，乘其不备而加以攻击，这是制服南越的一条奇计。如果真能用汉朝的强大、巴蜀的富饶，打通前往夜郎的道路，在那里设置官吏，是很容易的。"汉武帝同意唐蒙的意见，就任命他为郎中将，率领一千大军，以及负责粮食、辎重的人员一万多人，从巴蜀笮关进入夜郎，唐蒙会见了夜郎侯多同，给了他很多赏赐，又用汉王朝的武威和恩德开导他，约定在夜郎设置官吏，让多同的儿子当相当于县令的官长。夜郎旁边小城镇的人们都贪图汉朝的丝绸、布帛，当地人认为汉朝到夜郎的道路险阻，终究不能占有夜郎，就暂且接受了唐蒙的盟约。唐蒙回到京城向汉武帝报告，汉武帝就把夜郎改设为犍为郡。此后，汉武帝调遣巴、蜀两郡的兵士修筑道路，从僰地一直修到牂牁江。

史学界对夜郎古国的疆域和都城至今争论不休，《史记》"夜郎者，临牂牁江，江广百余步"中的"牂牁江"，大多数史学家认为"牂牁江"即今之盘江。六盘水市的北盘江六枝特区段被称为"牂牁江"，且有多处夜郎时期考古发掘，还有一些关于夜郎的民间传说，茅口古镇也被中外专家誉为"夜郎都邑"。神秘的夜郎古国的中心区在南北盘江流域，这是得到史学界认可的，而从地理位置、考古发掘和民间传说等资料来看，六盘水无疑是古夜郎国的中心地域。

3 郎岱民先队与抗日救亡

1931年9月18日晚,日本关东军以精心策划的阴谋"柳条湖事件"为借口,突然向驻守在沈阳北大营的中国军队发动进攻。由于国民政府奉行不抵抗政策,短短4个多月,中国东北全部沦陷。九一八事变激起了全国人民的抗日怒火,在中国共产党的领导下,全国各地掀起了反抗日本帝国主义的热潮,各种抗日组织蜂拥而起。六盘水境内比较有影响的是郎岱民先队开展的抗日救亡活动。

1936年2月,中华民族解放先锋队(以下简称"民先队")在北京成立。这是抗日战争全面爆发前,中国进步青年在中国共产党领导下建立的抗日救国组织。不久,天津、武汉、广州、成都、郑州等地的民先队组织相继成立。

1938年4月,贵阳民先队成立。6月,贵阳民先队队长张益珊派杨斌毅到安顺建立民先队组织。在筹建安顺民先队的同时,中共安顺县工委书记谢速航对郎岱民先队的组建给予了及时的指导和支持。谢速航早在组建郎岱民先队前,就对郎岱民先队的组成人员进行了考察和培养。10月,刘定华、尹克恂回郎岱组建郎岱民先队,刘定华任队长,组织部负责人是尹克恂,宣传部负责人是刘鹤皋。为了不暴露身份,尹克恂化名张克永,被安顿在郎岱东北60余里的山区纳骂苦竹林小学同刘定华一起教书,担任"管饭"教员(没有工资待遇、由学生家长轮流派饭),主要任务是发展民先队组织,同时了解土匪武装活动情况，并协助寻找红军过境时的流散人员。

根据民先队工作纲领，郎岱民先队的工作方针是：在抗战建国的目标下，团结各界青年、动员民众、教育民众，支持政府推行各种对抗战有利的新政。郎岱民先队很快发展到200余人。

鉴于八一三事变后，贵阳的张益珊、凌毓俊被捕，贵阳民先队被强令解散，停止了活动。郎岱民先队采取了巧妙的应对措施，自始至终在秘密状态下开展工作。为使民先队工作能正常运行，队部减少会议，多做秘密联络工作。利用《民先队报》加强对民先队活动的指导，并设两名专职交通员，往返于郎岱—折溪—苦竹林和郎岱—二塘之间，任务是组织民先队的活动，传阅民先队活动的《民先队报》。《民先队报》是郎岱民先队建立后创办的内部复写刊物，半月一期或一月一期，每期4~8页。稿件大都来自《新华日报》，转载民先队总部的文件和民先队队员自己撰写的文章，均由刘定华、尹克恂编辑。《民先队报》是郎岱民先队组织抗日救亡活动的宣传工具和队员的学习园地。

郎岱民先队宣传部负责人刘鹤皋，公开身份是郎岱二小校长、教师，在郎岱城具有一定的社会声望。利用这一优势，他可以公开在郎岱各界抗敌后援会从事宣传工作，并且还团结了部分爱国知识分子参加，使抗援会组织的宣传活动成了刘鹤皋等爱国知识分子的"包场"讲演会。因为有组织，有《新华日报》等进步刊物作理论指导，所以他们的观点容易被群众接受，这使得国民党郎岱县党部难以提出不同意见。

1938年，国民党贵州省党部组织的暑假工作团进驻郎岱，郎岱民先队积极支持，参与上演抗日话剧。刘定华编写的

《两条路》、刘鹤皋编写的《打城隍》等剧目也参加了演出。在唱抗日爱国歌曲活动中,郎岱民先队通过音乐教师,把《流亡三部曲》《义勇军进行曲》《游击队之歌》《长城谣》等歌曲传授给广大学生,扩大宣传效果。

在城里,郎岱民先队还利用各种场合,把抗日内容包含在各种闲谈之中,使听者不知不觉地受到影响。在乡下,针对识字人少、农民生活困苦等特点,民先队队员通常采用串门等方式和群众进行交谈,先从困苦的生活谈起,进而谈到怎样改善生活。郎岱民先队还利用农闲时节,举办农民识字夜校,一面教他们识字,一面教给他们一些如撰写收条、借条等简单的应用文写作方法。参加学习的农民有十多人。

1939年暑假,针对蒋介石反共已经公开化、斗争形势十分严峻的现实,贵州省工委领导秦天真指示郎岱民先队停止活动。

郎岱民先队把握时局,联系实际,积极创刊办报。《民先队报》从发刊到停办共出了18期,这在当时贵州民先队的各地方队部是独树一帜的。特别是在贵阳民先队领导人被捕、组织解散,其他地方队部均已停止活动的情况下,郎岱民先队坚持活动数年之久,创下了贵州民先队斗争史的奇迹!

4 红军长征过六盘水

1934年10月,红军开始实行战略撤退和转移。在1935年到1936年的长征途中,红一军团、中央军委纵队、中央机关和红五军团一部、红二军团、红三军团、红六军团、红九军团分别从盘县、水城、钟山境内经过六盘水。其中红二、红六军团于1936年3月30日，在盘县九间楼召开了具有重要转折意义的会议——盘县会议。红军所到之处，纪律严明，惩恶除霸，广泛宣传反帝反封建、救国救民的革命思想和真理，在六盘水的土地上播下了革命火种。

红军从咱家乡过

1935年3月，中国工农红军第一方面军第九军团2000多人，在团长罗炳辉、政委蔡树藩（何长工）、参谋长郭天明、政治部主任黄火青、中央代表王首道率领下，奉命完成掩护主力红军南渡乌江任务后，继续留在乌江以北牵制敌人。为策应主力军进军云南，红九军团向西推进，转战黔西北毕节地区。在突破敌人重兵围击后，1935年4月，红九军团从打鼓新场（今金沙县）出发，经大定（今大方县）西部大兔场（今纳雍县）东侧进入水城境内。

1935年4月18日，红军到达水城东北边境的以角，红军没住民房，而是在场街附近的山林里休息，在几个制高点上布防了警戒，并派人到集市采购补充给养、做群众工作、调查了解情况。红军捣毁大土目安庆吾的巢穴，收缴了10余支枪；还处决了两名横征暴敛的稽征员。太阳偏西，红军又从以角出发，经喃吡田坝，越索桥过三岔河，到中坝，夜宿三锅庄一带。

4月19日晨，红军从三锅庄出发，经董地到达茨冲吃午饭。在茨冲，当了解到税卡师爷尤少安心毒手狠，欺压百姓，横行霸道，红军便将其押到茨冲街上的黑神庙处决，得到了百姓的拥护。午后，红军过猴儿关、阿佐、法那，晚上到达阿戛、米箩一带宿营。

4月20日，红九军团从米箩出发，经铜厂、杨梅、常明、野钟，直达北盘江边。红军原计划从高家渡铁索桥过江，但铁索桥已被国民党保安团和地方民团严密设卡把守，桥上所铺木板已被拆毁破坏，只剩几根铁链。红军便按群众提供的路线，改道由铁索桥下的虎跳石过江。红军派一支300人左右的小部队，在向导的带领下，大张旗鼓地出发，经野钟、白牛到营街，做出要从发耳大渡口过江的态势，掩护主力巧渡北盘江，再与主力会合。红军主力在向导的带领下，悄悄来到虎跳石。此时正逢枯水季节，巨石上没有竹筏，红军迅速派人到山上砍伐小树，捆成木筏搭在石上，顺利渡过北盘江，进入顺场，跳出了国民党的包围圈。

4月21日，红九军团从麻窝茅草地一带经龙场、普古垭口入盘县，当晚宿铜厂坡、岔沟、岩脚、小河一带。4月22日凌晨，红九军团过六车谷、南昌河、鸡场坪、龙潭口、爬坡戛到关口，在盘关的以铺寨、大凹子宿营，23日红军翻过老黑山，进入平彝县（今富源县）梨树坪。5月6日，红九军团从树桔渡口起渡，全部渡过金沙江。5月11日，红九军团在会理地区同红三军团留守部队胜利会师。

红九军团过水城，历时四日，急速行军，一路越重山，穿峡谷，过急流，突破敌人的封堵截击，行经六个区、十九个乡，行程300多里。

红军过水城期间，沿途宣传党的革命主张和政策纪律，张贴标语，宣讲革命道理，扩大革命影响，为民惩恶除害，深得民心，留下了许多光辉的革命事迹。过境期间为掩护大部队转移而失散的红军将士20余人，以水城抗暴组织"齐心会"为载体，开展了轰轰烈烈的武装斗争。

红星闪耀"齐心会"

1935年4月16日，红九军团侦察连政治指导员尹自勇与连长龙云贵奉命率领侦察连掩护主力部队转移后，只余30多人，连长龙云贵牺牲。在追赶主力部队的途中，与主力部队相背而行，失去联系。尹自勇带领红军遗留部队向治沟、猪场一带前进。行进途中，又遭彝族土目苏小云、安克勋、安克超的兵丁阻击。由于红军人少势单，多次突围，均未成功。此时，红军几乎弹尽粮绝，处境十分困难。为了不伤害无辜百姓，并保存自己的实力以求革命转机，红军与安家进行了艰苦的谈判。安家答应红军的条件，与红军达成三条协议：一是红军把枪留下；二是安家必须保证红军在当地的人身安全，决不把红军送交国民党军；三是不能阻止红军出境，并要供给路费和粮食。其后，有10多名红军返回原籍，尹自勇和24名红军暂时在安克勋的管家杨洪顺家住下。

当时水城抗暴组织"齐心会"受挫处于低潮，首领王炳安得知有遗留红军将领尹自勇带领红军战士在水城停留的消息后，又听说红军是穷人的队伍，劫富济贫，而且打仗勇敢，对红军很敬仰，欲将红军接来，依靠红军振兴"齐心会"。尹自勇认为这是开展革命活动的好机会，便欣然应允。

尹自勇和王炳安相处一段时间后，关系更加密切，后二人结拜为兄弟。红军遂化装成苗民立足下来，继续从事革命活动。尹自勇化名杨连长，其他红军战士大都使用化名或外号。尹自勇和王炳安共商复兴"齐心会"事宜。经多方串联活动，1935年8月，尹王二人在以角模口寨召集原"齐心会"分队负责人会议，大兔场、郎岱等地的"齐心会"均有代表前来参加。会上，推举苗民祝兴洪任会长，王炳安任武装大队队长，"齐心会"下设三个中队，组建八个分队，根据会员居住情况，分设若干个班，并以双巢大营边、冷冲、茅稗田为联络中心点。红军战士单独成立一个班，成为一支骨干力量。同时"齐心会"还制定了严明的纪律。

尹自勇以"齐心会"为基础，用共产党的革命主张和斗争策略教育"齐心会"会员，开展革命活动。尹自勇等红军战士与"齐心会"的结合，为迷惘图振的"齐心会"注入了新鲜血液和有生力量，将共产党的革命主张和宗旨带入"齐心会"，在"齐心会"点燃了革命的火种，将"齐心会"的斗争引向了新的革命境界。

红军播下的火种，迅速燃起燎原大火。"齐心会"在水城复兴后，发展迅猛，并扩展到邻县纳雍、赫章及威宁、郎岱等边缘地区，会员发展到两万人之众。

在"齐心会"声威的震撼下，水城地方官吏、豪绅惶惶不安。1936年，米箩布依族上层人士、联保主任卢云清，与土目杨虞武为土地争斗不断。卢云清与王炳安结有"同庚"关系，因势力比较单薄，便向王炳安搬兵求援。尹自勇等红军考虑到"齐心会"已发展壮大，应利用地方势力之间的矛盾，顺势扩大革命活动范围和转移斗争地点，便与王炳安一起，应允卢云清之约，率领 17 名红军战士和"齐心会"的人员同往米箩卢云清处，乘机组织力量，发展武装斗争。

卢云清与王炳安是生死与共的朋友，十分信任王炳安，对与王炳安一同前来的红军也十分信任。尹自勇便经常向其宣传红军的政策和主张，讲解抗日救国道理，争取卢云清投向革命。经过几个月的接触，尹自勇与卢云清成了知心朋友，无话不说，卢云清更加信任尹自勇等人，便与其结拜为兄弟。尹自勇与卢云清结拜后，卢云清视其为手足，任命尹自勇担任自卫队队长，将卢家武装连人带枪一起交给尹自勇管理指挥。

尹自勇当了队长后，按照红军的模式，整顿改造自卫队。并利用自卫队的合法身份作掩护，在杨梅、米箩、蟠龙等区交界地区扩展活动范围，发展了不少"齐心会"会员，开展革命活动。同时，尹自勇经常与王炳安联系，了解情况，共商决策，指挥水城及周围各县邻近地区"齐心会"的斗争活动。

1937 年，抗日战争全面爆发。失散在水城的红军战士，不忘共产党挽救民族危亡的抗日主张，积极进行抗日宣传，唤起民众奋力抗日。尹自勇等广泛联系群众，不断壮大力量，外区外县的群众不断来米箩与尹自勇取得秘密联系，"齐心会"的影响进一步扩大，在米箩、杨梅、蟠龙以及郎岱边境地区进一步发展了更多的"齐心会"会员。

尹自勇等所进行的革命活动，影响日益扩大，直接威胁到国民党在水城的反动统治，被水城当局视为心腹大患，遂决心将其铲除。

1938 年，阮略接任水城县县长。为改变水城的动荡局面，他纠集水城、大定等县的土豪权势，调兵对"齐心会"进行围剿。又采取剿抚兼施、政教并行、调整区保的措施，以强化统治，企图瓦解"齐心会"。当上"剿匪"总指挥官的钱文达，更是下令收缴民间枪支，卢云清所拥有的枪支，除尹自勇藏了5支外，大多被收缴，尹自勇的力量受到削弱。

随后，阮略将目标直接对准了尹自勇。经过秘密策划，1939年春，阮略和钱文达借召开紧急会议之名，将卢云清诱骗去开会，把卢关到碉里作为人质，叫卢云清安排人把尹自勇捆来替换。阮略等为防止卢云清不交人，便进一步密谋策划，经其威逼收买，卢云清妻弟范鲁章、外侄赵正昌叛变。阮略遂给范、赵二人配发手枪，向其布置刺杀尹自勇之事。第二天，范、赵二人带着卢云清带来的兵丁秘密返回米箩簸箕寨后，由范、赵等人先进卢家，区长李伯刚所带保警兵埋伏在卢家周围。此刻，尹自勇正在屋内看书，趁尹不备，二人向尹自勇开枪，尹自勇惨遭杀害，刽子手残忍地割下尹自勇的头颅，挂在水城城门上示众，并张贴"罪状"称："共匪红军杨连长真实姓名尹自勇，于民国二十四年十月盘踞米箩乡以来，率领匪徒六十多人，在米箩巴浪河横冲直撞已五年余，国民大众遭受烧杀掳掠，弄得家破人亡……我国民政府为了除害，以首级示众。"

尹自勇牺牲后，卢云清被释放回米箩，万分悲痛，按照布依族习俗，将其安葬在簸箕寨右侧一座山包上。当地人民为纪念红军烈士，于是将此山包称为"杨连长包包"。

尹自勇的牺牲，使米箩地区的"齐心会"斗争进一步受挫。1942年4月,水城县县长阮略等人和水城地方保安部队,串通纳雍、赫章等县地方武装,集结重兵围攻"齐心会"大本营发克大洞。当时王炳安正患重病,仍指挥会员坚持抵抗。敌人连攻不克,便拆民房烧洞,企图把王炳安及会员烧死在洞内。双方相持十余天。王炳安的舅子王庆凡叛变,暗杀了重病中的王炳安。加之寡不敌众,队长陈友书率众突围,战斗中,"齐心会"成员被俘70多人,其中40多人充当壮丁,20多人被杀害。

"齐心会"受到严重挫折,失去了大本营,失去了首领王炳安,失去了共产党人的领导,活动再次陷入低潮。然而,红军在"齐心会"播下的革命火种并没有完全被敌人扑灭,有的人继续坚持斗争,有的人转入秘密活动,一直坚持斗争到水城解放。

盘县会议

1935年10月,当中央红军长征胜利到达陕北后,位于湘鄂川黔根据地内的红二、红六军团就成为长江以南唯一的一支红色力量。于是,蒋介石便调集130多个团,约12万兵力对仅1.7万人的红二、红六军团进行围剿。为保存实力,1935年11月19日,红二、红六军团总指挥贺龙、政委任弼时便率领部队从湖南桑植刘家坪开始长征。1936年1月上旬部队转移到黔东的石阡、镇远、黄平一带,准备在这一带建立根据地,但是由于尾随之敌紧追不放,这一目的没有实现。2月4日,红二、红六军团又转移到黔西、大定(今大方县)、毕节一带,经过近一个月的努力,根据地建设已初见成效。但此时，蒋介石又亲临贵阳，重新部署6个纵队，10多万人马的兵力从四面气势汹汹地向根据地包围过来。为避其锋芒，2月27日，红二、红六军团决定放弃黔大毕根据地，向云、贵、川交界处的乌蒙山区回旋转移。在乌蒙山艰苦卓绝的回旋战中，红军官兵克服天寒地冻、缺衣少粮、重兵压境等困难，于3月14日，从两路敌军结合部跳出了包围圈。3月22日，红军来到滇黔边境，投入全部兵力向宣威县城发动进攻，准备占领宣威县城，在滇黔边境建立根据地。但由于宣威守敌依托城郊虎头山与红军负隅顽抗，且敌援兵又迅速增至，宣威战斗未收到效果，红二、红六军团又被迫撤出战斗。3月27日夜，红二军团从宣威田坝腊家村进入盘县土城（今柏果镇），红六军团向富源方向撤离。3月28日，红二军团四师及军团直部经盘关、两河，于当日下午1时左右，分三路占领盘县县城（今城关镇）。红六军团则进驻富源后所。3月29日，红六军团从富源经胜境关进入盘县，并占领亦资孔（属今红果镇）。红军到盘县后，派一支小分队向兴仁、兴义方向活动，继续为第三次建立革命根据地做准备。

1936年3月23日，红二、红六军团还未进入盘县时，便接到红军总部朱德、张国焘的电报："……我们建议在你们渡河技术有把握条件下及旧历三月水涨前，设法渡过金沙江。……与我们会合，大举北进。……如你军并不十分疲劳，有把握进行运动战时，则在滇黔边行动亦好。"红军总部的电文虽无肯定的指示，但其意图是要求红二、红六军团渡金沙江北上，这一意图与红二、红六军团准备在滇黔边一带建立根据地的战略设想发生了冲突。

因此，1936年3月29日，红二、红六军团在盘县回电报请求红军总部明确下一步的行动："……在目前敌我力量下（即包括敌之樊、郝、万、郭、孙、李等纵队），于滇黔川广大地区内求得运动战中，战胜敌人，创立根据地的可能，我们认为还是有的。……最近国内和国际事变有新发展情况，我们不甚明了，及在整个战略上我军是否应即北进及一、四方面军将来大举北进后，我军在长江南岸活动是否孤立和困难，均难明确估计。因此，我军究应此时北进与主力会合抑或留在滇黔川边活动之问题，请军委决定，并望在一、二天内电告……"3月30日，红军总部迅速回电："……最好你军在第三渡河点或最后路线北进，与我们会合一同北进，亦可先以到达滇西为目的，我们当尽力策应。在困难条件下，可在滇黔川广大地区活动，但须准备较长期的运动战。究应如何请按实况决定，不可受拘束。"红军总部回电虽仍没有明确指示红二、红六军团的去与留，但其内在意思更为明显，还是要求北进。为决定部队的下一步行动，3月30日，驻扎盘县县城（今城关镇）的红二军团打电报给当时驻扎在盘县亦资孔的红六军团，随即红六军团首长萧克、王震、张子意从亦资孔动身，走了一天的路，到盘县开会，研究如何执行这个指示。

当晚，红二、红六军团负责人贺龙、任弼时、关向应、萧克、王震、张子意、李达等在盘县县城九间楼召开了军委分会会议，即盘县会议。会议传达了《中央关于目前形势和党的策略路线决议大纲》，分析了全国形势，会议着重讨论了红军总部电报内容。任弼时认为，红一方面军已经到了陕北，红二十五军也到了陕北，红四方面军在四川，现在总部又来电报要汇合起来一起北上，全国革命大势转到西北，如果继续留下来，将面临孤军在江南，没有友军策应的局面，将有利于敌人集中优势兵力围剿，还是北渡为妥。首长们又进一步分析了红军当前面临的形势，认为目前盘县一带的群众、地势和粮食条件虽有利于我军活动，具有在这一带建立新的根据地的可能，但是这种可能只局限于滇、黔两省的个别地区，最终能否保证根据地的建立、巩固和发展，还是一个不确定的答案。因此，尽管目前有条件在南北盘江之间建立根据地，但为了顾全大局，服从总部的指示，会议毅然决定放弃在南北盘江之间建立根据地的战略设想，立即执行红军总部的指示，渡过金沙江，同红四方面军会合，北上抗日。1984年，萧克将军回忆："……渡江北上，是盘县会议讨论的一个重要决定……现在看盘县会议，接受总部指示是正确的，对二、六军团同四方面军会合，进到陕甘宁，这是带关键性的决策。"

根据盘县会议的决策，1936年3月31日，红六军团为左翼，红军大部开始撤离亦资孔到盘县乐民宿营，红二军团仍在盘县县城休整准备。同年4月1日，红六军团经水洞坪进入云南富源清水塘、划船边。红二军团为右翼，开始撤离盘县县城，经两河到红果纸厂宿营，于4月2日进入云南富源梨树坪。4月28日黄昏，红二、红六军团全部从丽江石鼓一带顺利渡过了金沙江。然后过藏区，翻越雪山，历尽艰险，7月2日，红二、红六军团在甘孜同红四方面军主力胜利会师。7月

5日，红二、红六军团与红三十二军合并升编为红二方面军。1936年10月，红军三大主力在甘肃会宁胜利会师。至此，红二、红六军团在盘县会议上做出的渡过金沙江，同红四方面军会合北上的决策目标胜利实现。

盘县会议的正确决策，保存了红军实力，壮大了抗日力量。三军会师后，毛泽东在陕西保安会见红二、红四方面军部分领导人时，高兴地赞扬红二方面军在长征中为中国革命保存了有生力量，他说："二、六军团在乌蒙山打转转，不要说敌人，连我们也被你们转昏了头，硬是转出来了嘛！出贵州，过乌江，我们付出了大代价，二、六军团讨了巧，就没有吃亏。你们一万人，走过来还是一万人，没有蚀本，是个了不起的奇迹，是一个大经验，要总结，要大家学。"抗战整编时，红二方面军改编为一二〇师，总兵力1.4万人，约占八路军4.6万正规部队总人数的三分之一，成为抗日战争的中坚力量。

实践证明，红二、红六军团在盘县会议上做出渡江北上的战略决策，顺应了抗日救国的民族革命斗争新形势，对维护党和红军的团结，推动红军三大主力胜利会师，壮大抗日力量，实现革命大势奠基西北，起了积极而重要的作用。

5　古城三月烽烟浓

解放前，郎岱县（今六枝特区）交通闭塞、生产落后，人民长期受到反动统治阶级的残酷剥削，生活苦不堪言。为反抗压迫，郎岱人民在中共地下党组织领导下进行了艰苦卓绝的革命斗争。其中,影响最大的是攻打国民党郎岱县政府的"三三暴动"。

山雨欲来

抗日战争胜利后,随着人民解放战争的节节胜利,郎岱县的农民游击武装,逐步发展壮大起来。

1948年8月,中共黔北工委负责人张立为加强贵州西部地区工作,先后派郎岱籍地下党员王舍人、地下工作人员刘永到郎岱,联系在关岭开展地下工作的兰华富,郎岱、关岭一带的地下斗争由王舍人、兰华富、刘永三人共同领导。在郎岱、关岭一带发动群众,组织革命武装、开展武装斗争,建立农村革命根据地,配合西南解放。

1949年2月下旬,王舍人、刘永获悉敌人将从安顺运一批武器到郎岱,如果想得到这批武器来武装队伍,只有攻打郎岱县城。因张立在香港,不能直接请示他获得批准,如果等张立回来,又可能坐失良机。王舍人、刘永经反复考虑,认为攻城夺取敌人武器以武装自己,符合张立关于发展革命武装、开展武装斗争的指示精神。于是二人决定组织武装暴动,攻打郎岱县城。

为做好暴动的准备工作,王舍人、兰华富、刘永在庄家寨召集陈永昶、张桂江、喻忠诚等游击武装队负责人举行会议,讨论了暴动的有关问题。首先,大家认真分析了敌我力量。敌人的主要力量是县保警大队,共3个中队,有300余人,分别常驻岩脚、毛口、郎岱。郎岱中队加上保警大队部的一个班,共有100余人。暴动游击武装集齐有600余人。人数上,游击武装队占绝对优势。守城敌人虽有毛口、岩脚两个保警中队的增援力量，但距离郎岱较远，远水难救近火。至于几股地主武装共千余人，有的已与游击武装队达成协议，有的离城较远，住地分散，只要郎岱战事速战速决，即可避开敌人相顾驰援之危。其次，会议研究了攻城的战术问题。郎岱城墙高而且较为牢固，易守难攻。历史上，张三元、罗朝阳、唐逊虞，先后于1921年、1929年、1943年3次攻城不破，应为前车之鉴。会议决定，采取夜间偷袭的办法，入城点选在住户较少的北门外朱家包，由先遣队踏云梯翻越城墙，打开北门，放队伍入城，分路围攻，消灭敌人。最后，会议客观地研究了暴动的成败进退问题。鉴于农民武装初建，枪械弹药不足，缺乏军事训练，作战素质不高，同敌人比较，虽然人数上占优势，但在作战能力上却处于劣势，加之郎岱及其周边地区的反动势力相对强大，王舍人、兰华富、刘永等客观地估计到，暴动成功并无十分把握。如果暴动成功，留城数日，开仓济贫，然后撤往花德河、长岭岗一带建立农村革命根据地，与周边农民反蒋武装紧密联系，迎接人民解放军渡江西进；如果暴动失败，武装队就分散到农村隐蔽起来或到周围的九层山一带打游击，坚持斗争。

1949年2月28日，王舍人、刘永又在长岭岗管德芳家召集有管德芳、喻忠诚、艾永沧、张桂江等20余人参加的会议。会议的中心议题是确定暴动的时间和参加暴动的武装组织及作战部署。会议确定参加暴动的武装有：郎岱北面陈永昶领导的花德河武装与梭戛李灿成武装，这支武装担任庄家寨会议决定的先遣队任务；南面李兴隆领导的卡细、洒志武装；关岭方面是刘凤山、易德安领导的沙营、岗乌武装；把仕寨、长岭岗有杨忠良、杨忠亮的武装；梅子关、营盘、六枝的喻忠诚、李仲文武装；岩脚的王永武武装。会议确定参加暴动的各路武装于1949年3月3日前到长岭岗集中。这次会议决定的事项连夜向各路武装传达。

正当各路武装相继到长岭岗集结之时，1949年3月1日，县保警队队长岑元梁派8名保警队队员，到暴动武装活动中心花德河催交粮款，保警队当晚住花德河。陈永昶部决定于3月2日晨在保警兵返回途中设伏，消灭保警兵，夺取枪支，武装自己。但因安排不够缜密，暴露了目标，反被保警兵开枪重伤了队员马国忠，陈永昶逃往县城。游击武装负责人得知花德河武装设伏夺枪失误的消息后，通过认真分析研究，认为在游击武装汇集备战之时，敌人派保警兵催粮这件事发生得蹊跷。敌人是真催粮，还是借机探察游击武装情况，很难做出正确的判断。如果是后一种情况，这场伏击将会打草惊蛇，于战事不利，于是决定3月3日凌晨4时前，各路武装在郎岱城东郊羊猫冲集中，天亮时攻打郎岱城。

1949年3月2日下午，各路武装陆续抵达羊猫冲。武装队伍共300余人，有枪200余支。岩脚武装未赶到。各部武装聚集后，王舍人宣布参战武装力量的临时编队和作战任务：一中队由李兴隆、卢进先、刘凤山、易德安等部组成，由李兴隆负责指挥，任务是攻占伪县政府，解除伪保警队武装；营盘、把仕寨武装，编为二中队，由喻忠诚指挥，任务是控制高炮台制高点，攻击伪高等法院二分院，解除伪法警武装，得手后即与其他两个中队合击伪县政府；三中队由陈永昶和李灿成部组成，由陈永昶指挥，任务是担任前锋、架梯入城、破北门，放大部队入城，之后占领高炮台，封锁伪县政府后门。宣布完编队和明确作战任务后，王舍人宣布纪律要求：不准拿老百姓的东西；缴获敌人的武器一律充公；国民党仓库里的物资不准乱动；对地主富户不许乱抄乱杀。随后，刘永宣布战斗中统一联络口令为"解放"。最后，明确交代了暴动主要领导人的分工情况：王舍人为军事总指挥，入城指挥作战；兰华富、刘永在城外临时指挥所负责指挥接应工作，临时指挥所设在北门外朱家包。一切准备就绪，王舍人一声令下，担任前锋任务的陈永昶中队率先出发，随后李兴隆、喻忠诚两个中队相继向郎岱北门外朱家包进发。

攻打郎岱

1949年3月3日凌晨，黎明前的黑暗笼罩着古老的郎岱城，人们还在熟睡之中。王舍人一声令下，陈永昶率中队的先遣小组飞快地将楼梯搭靠在北门外城墙的垛口上，陈永昶一马当先窜上城墙，接着队员们相继登上城墙，直奔北门，占领城楼，打开城门，发出信号。等在城外的队伍鱼贯而入，并按照作战部署各自奔向攻击地点。

由于缺乏军事素质的训练，部分队员抑制不住内心的兴奋，还没到达作战地点，就发出呼喊声，惊动了值更的国民党人员，打乱了原定作战计划和部署，使一场奇袭速决战变成了强攻硬打之战。见此情形，王舍人灵机一动，遂带头高呼："四门进，四门进，只打伪政府，不害老百姓！""打倒蒋介石，人人有饭吃！"顿时，口号声、冲杀声、枪声震撼全城！

声势鼓舞着战斗的将士,震慑了驻守城内的敌人。

喻忠诚、李灿成率部迅速抢占并控制了高炮台制高点。喻忠诚部的杨英学、李德明冲进县法院,击毙法警一名,活捉了法院院长刘有卓及推事以下职员10余人。

陈永昶率部围攻县政府后门,并很快控制了四道城门。李兴隆率部沿着正街直接进攻县政府和保警队。李兴隆部的李羊桥直冲到郎岱县县长钱文蔚住所的石碉边,一个保警兵正举枪向他瞄准,他不顾一切地冲上去夺枪,不料被子弹击穿了左手心,他忍着剧痛,把保警兵踢翻在地,将其击毙。被击毙的保警兵就是钱文蔚的警卫员贺文智。此时,县长钱文蔚被枪声和喊杀声惊醒,慌慌张张披着衣服往外跑,正撞上准备冲上碉楼的李羊桥和几个武装队员。李羊桥等不认识钱文蔚,便大声询问钱文蔚的下落。老奸巨猾的钱文蔚用手指着碉楼回答:"在碉楼上。"李羊桥抓钱文蔚心切,信以为真,直向碉楼冲去,扑了空,而钱文蔚则趁机溜掉了。

攻城战斗十分激烈,城内枪声密集,杀声震天。暴动武装队有限的弹药消耗过多,火力逐渐减弱,敌人乘机转守为攻,占领了高炮台和县政府对面王武峰家高楼,在楼顶架起机枪,居高临下,向县政府及平街一带的武装人员猛烈扫射。李兴隆部原定攻打县政府、县保警队,但封门夺枪的计划非但不能实现,反而被迫在县政府院内同国民党保警队展开巷战。李兴隆部作战勇敢,但最终不敌,撤到平街,仍不能摆脱国民党驻警的火力。李兴奎冒着枪林弹雨向王舍人报告了李兴隆部的情况。听了报告后,王舍人从身边战士手中接过步枪,边喊边朝着县政府冲去，增援李兴隆。这时，县保警队队长岑元梁率人绕到南门从后面压向县政府，对暴动武装队形成了前后夹击之势。面对严峻的形势，王舍人当机立断，命令李兴隆部撤出战斗。李兴隆在王舍人的掩护下从新南门撤出到南门外潘家大田。撤退中李兴隆不顾个人安危，只身断后，阻击敌人，掩护战友突围，子弹打光了，他就与敌人白刃肉搏，最后在潘家大田中弹负伤。战友要背他撤退，为了避免伤亡，他严词拒绝，终因伤势过重壮烈牺牲。

因王舍人去平街增援李兴隆，陈永昶指挥的三中队与王舍人失去联系，加上弹药已尽，只好边打边退至城外的浪风台（指挥所已迁至此）。陈永昶向刘永、兰华富汇报了战斗情况，刘永、兰华富立即召集喻忠诚、陈永昶、吴应杰、张桂江、彭家德召开紧急会议。会议决定：不惜一切代价，寻找失踪的同志，稳定队员情绪，树立信心，安定民心，迎接解放军；已经暴露的地下工作人员和游击队员，迅速转移隐蔽到安全地带；各中队分别向水城、织金、关岭边界和郎岱边缘地区撤退，继续开展革命活动。

王舍人和陈福全为掩护李兴隆部撤退而被围困在西门、南门之间的城墙上，后被群众何伊长藏匿在家中。上午10时许，战斗结束。敌人关闭城门，开始疯狂地搜捕。

英魂长存

暴动中李兴隆中队的陈锡州、彭亮清、卢小胜、刘长生、罗志国、孙道珍、蒋少安、藤兴芝八人英勇牺牲。1949年3月3日夜，国民党郎岱县县长钱文蔚密令岩脚联防办事处主任何继尧在岩脚逮捕并当即杀害了共产党员、岩脚武装主要领导人之一的刘安民和地下工作人员黄冠雄、饶景凡。李羊桥、李连开、刘春友、卢培舟、龙光学、龙廷开、杨仁登、杨仁忠、陈少文、张国龙、明汗州、刘发二12人被俘。"三三暴动"震慑了敌人，也激怒了敌人。尽管被俘的武装人员被国民党酷刑拷打，但他们始终英勇不屈，最终被国民党残酷杀害。其中，龙光学、龙廷开、李连开、陈少文、刘发二、卢培舟、张国龙、明汗州、刘春友9名武装人员被国民党于3月5日集中杀害于朱家包的一块稻田里。更令人发指的是，龙光学等9名武装人员被杀害后，国民党竟惨无人道地挖掉他们的心肝、割去他们的舌头、砍下他们的头颅悬挂在场口东侧的杨树上示众。李羊桥因击毙县长钱文蔚的警卫员贺文智，国民党对他恨之入骨。李羊桥受伤被俘后，国民党以酷刑审讯，用抹了食盐的屠刀，一刀一诅咒地剐割他。3月14日，国民党将他牢牢捆绑，用独杠抬到贺文智坟前将其杀害。郎岱"三三暴动"，在国民党的后院点燃了一把火，震动了云南、四川、贵州边境。事后，国民党媒体报道："李兴隆等3000余人，分别以楼梯八架，用猛烈炮火掩护，向城墙东北方猛攻，后进抵北街、后街、后山及地方法院、县政府附近一带。一时枪声四起，流弹乱飞，情势险恶，无以复加……展开惨烈巷战，逐屋争夺，以至于白刃肉搏，打杀于咫尺之间，格杀于一屋之内，其惨烈真可以惊天地而泣鬼神。"报道未免有些夸张，但却反映出革命武装人员对敌人敢打敢拼，英勇战斗的大无畏精神。是他们抛头颅、洒热血，用鲜血谱写了郎岱人民革命斗争历史的壮丽诗篇。

6 阳长突围战

1949年12月18日，黎明的曙光照耀在水城这片古老的土地上。在人民解放军强大的战略攻势下，水城旧政府及境内的国民党军队与邻近县一起宣布起义，水城人民迎来了历史上最重要而辉煌的时刻——水城和平解放。为巩固新生的人民政权，中共毕节地委派新任中共水城县县委书记兼县长马有庆带领20多名党政干部，毕节军分区派解放军一四一团团长杜伦才、政治委员吴清卓带领团直机关人员和一营接管水城县政权。毕节军分区派政治部主任王之翰率军事代表团70余人到水城接管起义的国民党二七一师，并宣布调保安一团到纳雍、保安六团到织金、保安十二团到郎岱和岩脚驻防，保安五团和师部仍驻守水城。军事代表团人员分别被派往各起义部队，对起义部队开展教育改造工作。

解放后的水城大地上，人民兴高采烈地开始新的生活。然而，旧的反动政权以及各地的土匪仍不甘心失败，企图推翻新生的人民政权。一时间，贵州各地土匪纷起，一些原国民党起义部队也相继叛乱。二七一师保安一团、保安六团、保安十二团也于1950年3月下旬在纳雍、织金、郎岱、岩脚叛变。保安一团、保安十二团叛变后，他们窜到纳雍阳长与国民党独二师师长罗湘培所率保安三团会合。此时，驻水城的保安五团和师部虽未叛变，但已暗中与罗湘培部联系，并密派副营长邵世康带一个排驻守阳长四方洞叛军弹药仓库。

因贵州形势急变，中共贵州省委、贵州军区决定暂时放弃部分县城，以缩短战线，集中兵力平息叛乱。

1950年4月3日，毕节军分区命令一四一团，水城党、政、军全体人员和二七一师及保安五团撤离水城，到大定、黔西整训。因行军途中人多食宿不便，决定让二七一师先撤，一四一团和水城县机关后撤。第二天清晨，二七一师及保安五团撤离水城，于4月5日到达阳长，即与罗湘培部和保安十二团会合，彻底叛变。叛军将毕节军分区派驻的34名军代表用绳子五花大绑，押至新房一大洞前，先用刺刀捅，然后推落洞内，再投手榴弹炸，手段极其残忍。除军代表唐迪生、刘福山侥幸逃出外，其余32人壮烈牺牲。军代表王之翰、孙连仲、郭州平3人，紧急时刻得敌方有正义感官兵告知险情，得以脱身。此时，一四一团和水城县机关尚不知二七一师叛变的消息。

1950年4月5日中午，一四一团司令部、政治部、后勤处各机关、团直属特务连、八二炮连、运输连、卫生队、宣传队、一营及水城县党政机关干部共1500余人，从水城出发，第二天下午5时许，进入纳雍海子阳长峡谷地段，准备安营扎寨。前卫特务连驻海摩陈家寨，团部及其直属队和县机关人员驻阳长街上，一营殿后，驻五里坪。海摩、阳长、五里坪三地成一直线，前后不到5公里。

正当队伍埋锅造饭之际，海摩陈家寨地区响起激烈的枪声，阳长街上也落下了八二迫击炮弹，炸死运输连的两匹骡子。随即枪声四起，海摩峡谷两边山上瞬间布满了敌兵，包围了前面的特务连。营长李克义在五里坪听到枪响,策马朝有枪炮声的方向奔去。到阳长团部,团长杜伦才命令速调三连抢占陈家寨对面大岩制高点,用火力压制敌人,掩护特务连突围。三连得到命令,迅速出击。团政治处宣传干事郭安堂听到枪声,安排用四挺机关枪开路,沿陈家寨后侧山上冲向敌人。左右两侧解放军进入阵地后,立即以强大火力压向敌人,减轻了特务连突围的困境。

黄昏时分,一股匪众冲下山,妄图杀进陈家寨,被解放军特务连击退,匪首赵银安当场毙命,匪众留下几十具尸体仓皇逃窜。

特务连利用陈家寨内一幢幢土墙房作掩体,与敌人展开激战,打得极其艰苦壮烈,直至天黑,待敌人停止进攻后,才撤了出来,但已牺牲战士20多人。

黑夜里,驰援特务连的三连从制高点下撤,因伸手不见五指,路经悬崖绝壁,28名战士相继掉下海摩大崖壮烈牺牲。

当夜10时许,水城党、政、军人员全部撤到五里坪,杜团长连夜召开连以上干部会。同时用电台向毕节军分区报告阳长遭遇叛匪伏击的情况。分区郑统一司令员要求他们坚守,等待援军。但一四一团的领导对形势进行分析后,认为阳长地形对我方不利,坚守只能被动挨打,必须想办法突围。经反复研究,一四一团确定避开海摩峡谷,从五里坪东南方向突围。

4月7日拂晓,团部、直属队、三连和全体党政人员顺东南山沟一条小路前进。一连和机炮连沿正面山峦护道,二连沿左侧掩护。围堵在东南方向的敌人是保安五团,且装备精良,有较强的战斗力,是叛军的主力。敌人见解放军开始突围,立即利用有利地形,居高临下疯狂进行阻击。解放军是仰攻,每前进一步,都要付出惨重的代价。中午,战斗稍停,部队正准备做饭,敌人又向突围部队发起攻击,部队顾不得饿累,立即投入战斗。打到下午4时,赶来接应的纳雍驻军在敌人背后山岭上进行猛烈攻击。原来,前一天夜里,一四一团三营在纳雍城里听到阳长方向炮声密集,团参谋长陈玉敬、营长刘正文当机立断,带领八连和九连朝炮声方向赶来。驰援部队到马鬃岭时,得知团直和一营在海摩遭叛军伏击,即分兵两路全速向海摩大峡谷靠近,至峡谷东头箐门口时,遭到敌人阻击。狡猾的敌人预计阳长战斗打响后,纳雍解放军必然驰援,便将一个团的兵力堵在箐门口。箐门地势险峻,大山连绵,两侧悬崖相对,形成一道深长的大峡谷,一条小路从中间穿过,再无旁道,真可谓"一夫当关,万夫莫开"。两军接火后,九连三排刚冲进箐门口,即被敌人用重火力拦在深谷内,待撤回时,全排只剩下13人。撞不开箐门口,驰援部队只好改道绕开箐门口,攀两侧山岩艰难地向阳长五里坪前进。又因道路不熟,直到4月7日下午才到达敌保安五团阵地背后的山坡上。突围部队吹号与来援部队取得联络,但山上山下互相看得见,也听得到声音,却靠不拢。一是中间有堵截的敌人;二是岩崖错置,山峦重重;三是谷底隔着氏母河。经过艰难的战斗,直到天黑以后,团参谋长陈玉敬和三营营长刘正文才带着驰援队伍与一营会合。

4月7日突围未能成功,水城全体党、政、军人员又撤回五里坪。这一天，二连有4名干部负重伤，10多名战士牺牲。

经过两天激战，团领导看到敌人的意图重在正面堵截，目的是不让解放军向纳雍靠拢，进而将解放军消灭。而通往毕节方向的北面，防守却比较薄弱。负责北面防地的是保安十二团，该团曾在大定到毕节的路上遭我军重创，人员严重不足，装备也差，战斗力较弱。如果从这个方向突围，取胜把握较大。但此策略必须严格保密，不能让敌人发觉我方意图。北向突围方案一经确定，团领导便立即派人四处寻找向导，同时通知部队和党、政人员严格控制灯火，随时准备出发。这一夜，人不解衣马不卸鞍，战士们只在墙脚或土坎边合眼打盹。

4月8日凌晨4时，全体人员振奋精神，立即背上背包悄悄撤出五里坪。来不及做饭，每人分一把生米，边走边嚼。五里坪背后，是一道大山，既高且陡，在一条凸凹不平的盘山小道上，既通行大队人员和马匹，又要不露声音，十分不容易。在向导的引领下，近2000人（加上驰援的三营两个连队300多人）的队伍竟神不知鬼不觉地绕过保安十二团的防地，冲出敌人包围圈，向毕节方向奔去。天亮后，敌人发现五里坪不见炊烟和人影，才知道解放军已悄然离去，急命保安十二团一营堵截，但解放军大队人员已走出30多里。敌一营反被解放军断后的二连一阵痛打，丢下三挺机枪和无数尸首后溃逃而去。甩掉敌人的包围后，突围部队和全体党、政人员经以角、冶昆、姑开过野鸡河向北挺进。全体人员于4月12日抵达毕节城。

阳长突围战，历时3天3夜，一四一团干部战士伤亡153人。

7 解放前对六盘水的开发

贵州的开发其实很早。秦始皇开五尺道,汉武帝修建通往牂牁的道路时就开始了。然而汉武帝耗费大量人力财力,"数岁,道不通",使他体会到了开发的难度。最后为扩展疆域、巩固统治秩序,他派兵灭掉且兰等割据势力,独留夜郎的王号,在今贵州地置郡设吏。在文化上"故其俗",在经济上"毋赋税"。同时,开始"募豪民,田南夷",这是中央王朝移民开发贵州之始。此后,中央王朝放弃这里的直接经营,长期实行羁縻政策。有限的移民先后融入贵州高原当地的民族社会。今六盘水市境也大抵如此。

由于贵州战略地位的重要,以后历朝历代从未放弃开发这块土地的念头。13世纪,蒙古军在对南宋正面进攻失败后,实施"斡腹之举",从青藏高原东缘南下,"跨革囊"渡金沙江,取大理作根据,然后南北夹击,灭南宋而入主中原。随后于至元二十七年(1290)开通滇黔、湘黔驿道,贵州境域的军事战略地位愈加凸显。

明初,元朝所封梁王把匝剌瓦尔密自恃云南地险路遥,不肯降明,成为明朝的心腹之患。朱元璋决心武力讨伐,一场史称"调北征南"的军事行动于洪武十四年(1381)开始。30万明军在傅友德的率领下,很快平定了云南。战后留兵戍守,在贵州建立都指挥使司,沿驿道遍设卫所,军士实行屯田。同时推行"移民实边""移民就宽乡(地广人稀之区)"政策,有所谓"调北填南""以湖广填贵州"的说法。官府四处招徕农民开垦屯种，还发给耕牛、种子。军士屯田称"军屯"，招民屯垦称"民屯"。随后，明朝在贵州实施"开中法"，即用盐从商人手中换取粮食以解决军粮的不足。于是，商人也来屯种，以粮食向官府换盐引，获取食盐牟利，便有了"商屯"。

普安卫（今盘县）距云南最近，地处桥头堡的地位，"洪武年间原额官军32519员名"，是为贵州24卫中兵额最多的一个，搞"军屯"自然成为重点。这里地广人稀，又是"云贵襟喉"，所以"民屯""商屯"亦多。600年后的今天，盘县地名中带"屯"字的仍有几十个，它们多来源于明代的屯田制度。劳动力的剧增，使荒地得到垦种。来自内地的军士和湖广等地招徕的农民，屯种时兴修水渠，推广牛耕，实行新的栽培技术，很快改变了当地刀耕火种的落后状况，农业生产力很快得以提高。屯田的推行促进了土地的私有化，以地租代替劳役，地主经济开始发展起来。卫城的建立带动了手工业、商业的发展，以12生肖取名的场市改变了"物物互市"的交换方式。普安府州儒学的创办使文教渐兴，科举的推行使人才蔚起。有明一代普安州出进士12名，举人133名（含进士12人）。米鲁事件平定后，土司权势大衰。这是今六盘水市境第一次大规模的移民开发，发生在南部的盘县。

明末清初，历经几十年战乱的今市境人口锐减，土地荒芜。清王朝采取对各族农民"酌其人口，拨给土田"的政策，并下令招民垦种、开发无主土地。还规定凡耕种田地者，一律由州县发给土地印照，使所种田土"永为己业"。大量外籍人口进入，农业逐渐恢复。雍正年间实行大规模改土归流，领主经济和土司制度逐渐式微。滇黔驿道改线，在今六枝境内的郎岱设驿，进而设厅。水城因铅锌的开发而设厅。社会稍定、交通改善，矿产得到初步开发。如铅锌一项，水城厅福集厂每年拨运毕节 40 万斤，奉拨运京 150 万斤，以供鼓铸。普安直隶厅、郎岱厅、水城厅成为由中央王朝直接统治的政区，今六盘水市境域粗定。在基层，里甲替代土司时期的则溪和营。至清代中后期，市境"汉多夷少"的人口格局形成。

清末民初，学校取代私塾，并有了女子学校。郎岱、盘县、水城县开始使用电话、电报，先后成立了邮政局。1936年，京滇（南京—云南）公路开通过境。抗战时期今市境成为大后方，一批机关、企业内迁或在市境设立分支机构，一批流亡者落籍，市境一时繁荣。此期前后，盘县建有造纸厂、酒精厂、电灯厂、石印局，1946 年有使用棉纱的织机 1400 台。水城县创办观音山铁厂，成立了商会。郎岱县建有雄黄厂，县城设有织布作坊，城中半数居民以织布为业，织机逾千台。遍布市境的煤炭得到开发，但停留在手工采集阶段。此期开发已具近代化的特点。

8 "三线建设"催生六盘水市

"六盘水"地名是一个组合性区域概念。六盘水市位于云贵高原东部一、二级台地斜坡上，地处长江上游和珠江上游的分水岭，是 20 世纪 60 年代初国家"三线建设"时期发展起来的一座多民族聚居的能源原材料工业城市。

1964年年初，根据中共中央工作会议的精神，经过国家计划委员会和煤炭工业部等部门反复调研，1964年5月，中共中央作出关于建设大三线的战略决策，并决定在贵州西部煤藏丰富的六枝（时属安顺地区）、盘县（时属安顺地区，后属兴义地区）、水城（时属毕节地区）三县境内建立重点煤炭基地，设立三个相应的矿区分别进行管理。于是，六枝、盘县、水城三个县因"煤藏丰富"这一特征而被连在一起，"六盘水"这一名称从此诞生。

1964年7月底至8月中共中央西南局在四川西昌召开三线建设规划会，初定六盘水建设煤炭基地远景规划为2200万吨/年，第一期规划为1000万吨/年。1966年10月12日，煤炭工业部批复，同意六盘水三个矿区总体设计总建设规模为1645万吨/年，入洗原煤1260万吨/年。

1964年9月，煤炭部从全国各地成建制抽调建设队伍进入六盘水。一年多的时间内从15个省的25个矿务局抽调28个工程处（含新组建）、8个地质勘探队到六盘水参加煤炭基地建设。1965年12月煤炭工业部对煤炭系统工程处统一编名，全国煤炭基建队伍共编为95个工程处，其中六盘水煤矿建设的有27个，占总数的28.4%。1970年年底，六盘水煤矿建设队伍逾10万人。

1965年1月，西南煤矿建设指挥部在六枝成立，随即六盘水煤矿建设拉开序幕，并于当年达到高潮。煤矿建设采取"边勘探、边设计、边施工"的方式进行。

1965~1978年年底，六盘水矿区累计完成投资14.6亿元，开工建设矿井23对，总设计能力1210万吨/年，交付生产矿井21对，原煤生产能力781万吨/年；建成选煤厂4座，入洗原煤能力470万吨/年。

此期，交通、电力、地质勘探与煤矿建设齐头并进，为煤矿建设奠定了基础。

1964年9月初，中共中央决定成立西南铁路建设总指挥部。铁道兵第七师担任水城至树舍段工程任务，铁道部第二工程局担任水城至六枝段施工任务。加上地方民工，市境段施工队伍达30余万人。1966年3月，贵昆线比原计划提前9个月建成。盘西、水大两支线和各铁路专用线也按计划先后如期完成。

几年内，110千伏六水输电线、云南电网的110千伏羊盘输电线、110千伏水盘输电线先后建成投运，为六盘水矿区提供电力保证。10万千瓦的水城发电厂和各企业自备电厂相继建成，缓解了六盘水地区供电的紧张局面。

1965~1972年，以贵州省煤田地质勘探公司为主力在六盘水展开煤田勘探会战。会战投入经费约计1.1亿元，累计完成钻探任务58万米，查明储量133.78亿吨，其中精查储量88.74亿吨。会战所获地质成果满足了六盘水煤炭基地建设生产的需要。

与煤矿建设的同时，六盘水建了煤矿机械厂、六七一厂（生产民用爆破器材）、矿灯厂等煤矿专用器材设备生产厂。

1966年1月，国家计委下达《水城钢铁厂设计任务书》，决定在水城青杠林建设水城钢铁厂。1969年国务院计划起草小组批示，把水城钢铁厂建成年产50万吨铁、40万吨钢、25万吨钢材和钢坯、40万吨焦炭的钢铁联合企业，争取在1972年建成。

由于"文化大革命"的干扰，原定1967年上半年建成的一号焦炉，于1969年9月28日才出焦，一号高炉1970年10月1日才出铁。粉碎"四人帮"后，水钢建设全面恢复。1978年水钢基本形成65万吨铁/年的综合生产能力。1984年12月，两座15吨氧气顶吹转炉建成投产，结束了水钢有铁无钢和贵州省无普钢的历史。如今，水钢成为具备年产280万吨生铁、300万吨钢、300万吨钢材综合生产能力的大型钢铁联合企业。

水城水泥厂自1966年开工建设，1972年全部建成，核定综合生产能力50万吨/年。

煤炭、钢铁、电力、建材等项目陆续建成，终于催生出一个新兴的以能源原材料为主要产业的重工业城市。

9　六盘水市与十一届三中全会的因缘

1978年12月18日，党的十一届三中全会胜利召开，开启了改革开放的历史新时期。同一天，中央决定撤销六盘水地区，设立六盘水市，成为贵州省第二个省辖市。在改革开放政策的指引下，六盘水获得了前所未有的发展机遇，进入了深化改革、扩大开放的新阶段，成为改革试点相对集中、建设力度较大的地区之一。

改革开放使六盘水的经济、社会和各族群众的生活发生了巨大的变化，从农村到城市、从经济领域到其他各个领域，在深化改革中冲破了体制羁绊，逐步摆脱了计划经济的束缚；六盘水有了战略眼光、全局意识，进而形成了崇尚开放、兼容并蓄、豁达大度的城市性格和博大胸襟；六盘水市民的思想观念、生活习惯、行为方式和工作效率不断适应形势的变化和发展；六盘水在对外开放中拓展发展空间，逐步形成全方位、多层次、宽领域的对外开放格局。

四　历史名人

杨彝（1338～1417）　字宗彝，普安州（今盘县）诗宗之一，浙江余姚人。明洪武初，以人才举为沔阳仓副使。在任六年，升都察院司狱。三年后调福建长泰县主簿。后迁任吏部考功主事。一生以文为显耀，经史文章、书画之艺无不习，文章书法俱精妙，尤长于诗。洪武二十五年（1392）告休。长子杨志戍居普安，遂就养于普安东屯。东屯四顾皆松树，开轩其中，匾曰"万松"，自号"万松老"。著有《凤台》《贵竹》《东屯》《南游》诸稿。杨彝去世后，沈勖铭其墓志曰："才兼行伟，身与名存，雄词藻翰，蛟舞凤腾。"

沈勖（1359～1427）　字廷规，号懒樵，江苏高邮人。明洪武二十一年（1388），奉母携弟自广西出发，逾历险阻，代父谪戍普安，入普安卫（今盘县属地）千户所柯百户伍。沈勖博通经史，雅善诗文，在普安筑乐矣园怀甓堂，常与杨彝唱和其中。在杨彝、沈勖的影响下，普安州之后学，群起奋力诗古文辞，以致州之艺文卓卓可传。

普安自古无方志，明永乐十六年（1418），明廷颁布《纂修志书凡例》，沈勖旁搜幽讨，溯流寻源，悉依条例创修《普安州志》，稿成未付梓。明嘉靖三十年（1551），普安知州高廷愉据沈勖稿本主持重修《普安州志》（十卷），且刻版印刷。

沈勖的著作还有《迁思遗稿》（已佚），其诗在嘉靖时的《普安州志》有收录。

邵元吉 生卒年不详，字黄裳，普安卫（今盘县属地）人。性孝友，博通经史。明嘉靖十九年（1540）应乡试，首场毕，闻路人私语"重庆邵郡丞（邵元吉之父邵华谱）病"，遂放弃考试，直抵重庆。父殁，哀毁骨立，匍匐扶棺归。嘉靖三十七年（1558）应贡入都，时二弟邵元善谪通州郡丞，邵元吉赴通州看望。此至不语不食，时时泪下，弟问故，答："我思母，欲归，不愿仕也。且有我奉母，尔始得一意报国。"即弃牒归。母思子致病，一见良已。邵元吉以母病遂善岐黄。其弟邵元善、邵元哲、邵元高先后登科，皆邵元吉教以成。

邵元善 生卒年不详，字台山，普安卫（今盘县属地）人。明嘉靖二十二年（1543）举人。曾授云南嶍峨（今峨山）知县，擢民部郎，谪通州判，后改知涿州。涿州系京畿首辅要冲，费用浩繁，当时民间疲惫至极，百姓如处水火，陆续流亡。邵元善一上任，便检籍均徭，抑豪强，稽隐脱，使疲者稍微缓解，令流亡者背驮返乡。地方豪强对他恶意中伤，朝廷不辨流言，邵元善被捕。涿州父老扶杖携儿，叩阙上疏辩白。邵元善获释，谪判辰州府。因所在皆有佳政，嘉靖四十四年（1565）破格擢升四川按察检事。邵元善长词赋，工吟咏，著有诗集《贤奕稿》。

邵元哲 生卒年不详，普安卫（今盘县属地）人。明嘉靖三十四年（1555）举人，嘉靖四十四年（1565）进士。万历年间知淮安府。淮安城东涧河通射阳入海，乃输灌咽喉，淤积已久。邵元哲到任，着力疏浚，增筑城西长堤防备水患，建闸坝以通漕运。淮安士民立像纪念他。历官云南右参政。

蒋宗鲁（1521~1588） 字道父，普安卫（今盘县属地）人。明嘉靖十六年（1537）举人，嘉靖十七年（1538）进士。曾知河南浚县，任期准田均役，秉公办事，无所放纵，后迁刑部主事。嘉靖三十一年（1552）出为云南临沅兵备副使，讨伐沅江府土舍那鉴有功，升河南按察使。嘉靖三十九年（1560）晋副都御史，巡抚云南。时云贵川境内土官，为谋官夺印相互仇杀，云贵川抚按奉诏会同查勘肇事者阿堂，未能制止。蒋宗鲁履任，施计掩杀阿堂，擒阿堂子阿哲，不数月，事平。此后严毅精察，整顿吏治。所辖大理卫太和县点苍山产纹石，可为屏玩。朝廷下令采取，动用众多民力，百姓怨愤，蒋宗鲁奏请罢之。后因触犯权臣严嵩而引归。著有《治浚款议疏草》《齐梁监税录》《吴关奏议》《牧政事宜》，诗文集若干卷及嘉靖《普安州志序》。

蒋杰 生卒年不详，字美若，号象岩。其先自吴江到普安卫（今盘县属地）为官，遂落籍。明万历十六年（1588）举人，万历十七年（1589）进士。曾以比部郎出守广东南雄，后以副使罢归。避战乱流寓荆州，放情山水，以琴书自娱。书法效颜真卿，笔力苍劲、矫健。清乾隆《贵州通志》谓其书法与黄道州、董其昌、米万钟齐名,普称"四大家"。蒋杰文采风流,雅有时誉。喜游,足迹几乎半天下,所历则有诗,诗文清丽;蒋杰喜歌、喜禅、喜弈,多与高僧游处。明崇祯间,自楚归,卒于家。著有《十七史摘要》《普安卫续志》,所著皆失传。

王祚远 生卒年不详,字无近,其先自应天府句容县到普安卫(今盘县属地)为官,遂落籍。明万历三十一年(1603)举人,万历四十一年(1613)进士。曾选庶吉士,授检讨。历官祭酒、礼部右侍郎,后转吏部左侍郎,晋尚书。自少才能非凡,下笔万言不起草,既成而后补之。其诗文内容宏富,文笔发挥尽致,书法尤工。担任经筵讲官,仪表整洁,吐音洪亮。主管铨政,在选拔、任用、考核官吏时,能秉公操持。后病归,卒于家。一生诗文甚富,集无存。

任璇(1763~1831) 字次枢,号龙溪,普安州南里(今盘县水塘)人。清乾隆五十三年(1788)由廪生中举。乾隆六十年(1795)取为景山教习。母逝,归家守制。后或受聘,或设馆,以教书为业。业余尽心岐黄,活人颇多。道光三年(1823)秋,选授广东惠州府永安知县。永安户鲜风淳,民多强悍,任璇洁己爱民,洞达民隐,除弊兴利。有两地争水道者,讼经数任不决,任璇亲往度其地势,裁于河心建庙,平分水利,宿狱遂结。会岁大饥,开仓赈济,且贴补膏火以兴学校。后告病归家。著有《五经经解》《排律指南》《凤梧轩诗集》《梅花缘传奇》。《梅花缘传奇》为长篇戏曲,故事情节曲折跌宕,人物内心活动刻画细腻,环境描写、气氛渲染,都绘声绘色，词曲优美而富文采。1988年4月，贵州人民出版社以《贵州古籍集粹·梅花缘》为名，将其出版。

范兴荣（1786~1848） 字仲华，普安直隶厅（今盘县）人。清嘉庆十三年（1808）中举。历官湖北黄冈、江夏等地知县，升武昌同知。罢归后，肆力著述、校勘，以文章自娱，吸引后进。赋闲之后，范兴荣以读写为乐，主讲于凤山书院，著有《环溪草堂诗集》《环溪草堂文集》《僻字便览》《唉影集》等，唯有《唉影集》在他生前于道光二十七年（1847）得以刻板刊印。其《小洞天》《马和尚》《跳神》三篇杂著，《普安直隶厅志·艺文志》有录。刻板存范家花园藏经楼，民国初年，被驻军毁坏几块。1929~1930年，盘县平街鸿文石印局成立，范兴荣家人将刻板交与重印。1942年，国民党中央主管文化艺术的张道藩回盘县探亲，得读《唉影集》，认为其"留仙《聊斋》以外，当以此为巨擘"，为之作序，并将书稿带到重庆，交正中书局出版。

孙清彦（1819~1884） 字士美，号竹雅，别号竹叟、烛哑、烛亚、古滇逸士、漱石斋主人等，云南呈贡人。清嘉庆二十四年（1819）十月十三日出生于贵阳，光绪十年（1884）冬月初一卒于贵阳，享年65岁，葬于郎岱西郊姑娘寨。孙清彦自幼聪颖好学但科举之路不畅，只考取廪生。后投笔从戎，为贵州提督赵德昌赏识，在其下营务处理文牍，屡有军功，保荐为同知、知府，官至贵阳、安顺、都匀、兴义知府和紫云、郎岱等知县，有"清贫太守"之称。幼工诗，写仕女、花鸟、竹木俱佳，而山水尤工。书法天资甚高，擅长篆、隶、真、行、草各体，兼工榜书，而以行、草尤精。孙清彦留在郎岱的墨迹有同治九年（1870）所书石刻《郎岱木城碑记》，为其母所书墓志铭及两副对联"鹤驾何年归翠海，龙山终古荫佳城""州年内政澄昆水，千里归心绕岱云"。孙清彦的绘画，举凡山水、花鸟、人物无不用心，而最擅画竹。其传世之作以《画竹册》为精品。《画竹册》全名《平安花信之图》，是同治七年（1868）秋孙清彦在郎岱为女婿段少青所作。原包括画竹24幅，今存15幅，藏于贵州省博物馆。留在郎岱的画有：《放雀出槛图》《溪涧飞瀑图》《梅鹃图》《墨荷图》《风、晴、雨、露竹》《竹石图》等。

桂天相 生卒年不详，字云农。祖籍成都，生于水城西街（今钟山区属地），家境清贫。自小酷爱书法，得川籍先贤陈琮指点，广泛阅读书法论著，数年悉心揣摩法帖，王、颜、欧、柳，无不默会其神。善草书，其擘窠大字尤其端庄流利。清道光十年（1830），应大定府科举，考官评其试卷："文章平平，字盖五属。"由是录为岁贡。从此找他求字的人越来越多。桂天相还兼明医术。逝世后，葬水城西门外凤凰山东麓董家地。民国20年（1931）仲冬，水城人廖禄勋、赵慧远等，念其书法精妙，名震一时，坟墓却无人照料，于是为其募捐，封墓竖碑，篆刻墓志。1981年版《贵州古代史》将桂天相列为清嘉道年间贵州文学艺术代表人物之一。1988年初，水城特区人民政府将桂天相墓列为县级文物保护单位。

卢廷美（1811~1858） 布依族，郎岱厅毛口（今六枝特区属地）人。自小师从开设塾馆的父亲读书。后来进取生员不中，接替父亲打理塾馆。婚后育二男一女。得暇好探究阴阳相命术，常有人请他看风水、占卦。做族人头领后，着装依然朴素，裁决纠纷不徇私。清道光二十八年（1848），卢廷美带领同族十多人及本寨附近一些青年，加入清水教，成为该教毛口片区的头目。宣统元年（1909），教宗庇护十世颁布诏谕，列卢廷美入真福品（天主教信徒以身殉职后，要评定品级。真福品属第二品级）。卢廷美生前写过十来篇宣传天主教的文章。《真福卢廷美遗稿——七论天主是创造天地万物的主宰》存贵州省文史研究馆。

陈昌言 生卒年不详，号禹门，四川綦江（今属重庆市）附生。同治十二年（1873）二月，以同知借补。同治十三年（1874）七月，任大定府分驻水城厅（今水城县与钟山区）通判。光绪二年（1876）陈昌言离任。他主持创修的《水城厅采访册》（十卷）是年脱稿，该志稿是考证水城历史、地理、民族、政治、经济、文化的宝贵资料之一。

安健（1877～1929） 又名舜钦，字舜卿，彝族人，先辈是贵州水西土司。清咸丰年间，由白马洞迁凹乌底（今六枝特区新场下官寨）。光绪三年七月二十四日（1877年8月22日），安健生于凹乌底本宅。

光绪二十三年（1897），安健到安顺考取生员，就读于府学。其间常与友人彭文治谈论救国救民之道。之后到贵阳，结识张百麟、钟昌祚、周培艺等，进一步接触进步思想，主张用革命的手段推翻清政府，建立资产阶级民主共和国，曾筹谋建立秘密团体推翻清王朝统治。

民国14年（1925）孙中山逝世后，安健加入陈延年、周恩来等组建的"西南同志会"外围组织，与周逸群等共产党人一起，团结、争取国民党在滇军、黔军、粤军、桂军中的左派力量。他们四处奔走游说，发展北伐力量，促成黔军彭汉章部、王天培部于民国15年（1926）接受广州革命政府领导，编为国民革命军第九军、第十军。后黔军总司令袁祖铭也接受广州革命政府任命，任国民革命军左翼总指挥。为加强对新编部队的领导，广州革命政府委派安健任第九军党代表。

民国16年（1927），蒋介石、汪精卫相继背叛革命，安健团结在以宋庆龄、何香凝为代表的国民党左派周围，坚持与国民党右派作斗争。是年底，出任云南省政府驻粤代表。

民国17年（1928）8月，安健以云南省政府驻粤代表身份，同肖寿民、杨晋、张帮输一起，保释中山大学"清党"时被关押的部分学生。从1928年10月起，他奔走于云贵之间，参与"倒周（西成）"活动，欲借同族人龙云（时任云南省政府主席）及十八军军长李燊之力，先夺贵州，而后联络两广势力，与蒋介石抗衡。在此期间，蒋介石一再电邀安健出任交通部或外交部次长，均被其拒绝。

民国18年（1929）6月，李燊、龙云采取军事行动，推翻周西成在贵州的统治。6月13日，贵州临时省政府成立，李燊任主席，安健任省政务委员兼民政厅厅长。8月，李燊下台，安健奔赴昆明。是年10月12日上午10时，安健因病在惠滇医院去世。

安健生前多次撰文在报刊上介绍贵州民族情况，批判大汉族主义者的民族偏见。至今尚存著述有：《贵州土司现状》（载《地学杂志》1911年第1卷第18期）、《贵州民族概略》（载《语言历史周刊》1928年第4卷第44~45期）。

安健病逝后，得国民党云南省党部及原同盟会诸多老会员力争，南京政府追赠他陆军上将，予一等抚恤。灵柩被发往故乡葬青龙山半腰。安健故里上官乡也被改名舜卿乡。

张道藩（1897~1968） 乳名振宗，字卫之，曾用名张道隆，普安厅城关张家坡（今盘县属地）人。曾念私塾。民国3年（1914）毕业于盘县高等学堂。民国4年（1915）在普安罐子窑教书并加入中华革命党。民国5年（1916）随族叔张光炜（国会议员）赴天津并考入南开学校。辍学后于民国8年（1919）赴欧留学，在英国克乃芬姆天主教学院、伦敦大学思乃德学院修拉丁文、西班牙文及学习绘画。民国12年（1923）加入国民党，任伦敦支部评议长。先后游历德、法、瑞、意等国。民国15年（1926）回国，任广州国民政府农工厅秘书、代厅长。民国17年（1928）起，张道藩先后担任南京市政府秘书长，浙江省教育厅厅长，交通部、内政部、教育部次长，国民党中央执行委员、常务委员，中央组织部副部长、社会部副部长，宣传部部长，海外部部长。其间还出任青岛大学教务长、中央政治学校教育长、中央文化运动委员会主任等职。1949年到台湾，任台湾"中央电影企业公司""中国广播公司""中华日报社"董事长。1952年任台湾"立法院"院长。1957年受洗为基督教徒。1961年获准辞职修养后，潜心著书、绘画，建立经营张道藩图书馆。晚年主张实现祖国和平统一。

在台湾任国民党中央宣传部部长期间，张道藩积极支持和倡导、创办了台湾"国立戏剧专科学校""全国美术会""中国文艺协会""国际文化合作协会"等文艺团体和机构，并在其中任理事长或主席等职。在台湾创办《文艺创作》杂志，主持出版《伟大的中华》一书。1965年，他将张道藩图书馆捐赠台北市，更名为台湾"国立图书馆"。1968年6月12日，张道藩患脑溢血病逝于台北。

张道藩留学回国后共回乡4次：民国31年（1942）8月回盘县为父母祝寿；民国33年（1944）1月到滇黔桂一带宣慰归国侨胞及文化界人士，顺便回家探望父母；是年旧历八月十五日父逝，回家料理后事；民国35年（1946）旧历八月二十一日母逝，奔丧返籍，在母墓侧搭棚守灵7天，是年有《祭母文》在《贵州日报》上发表。

邓汉祥（1888~1979）　字鸣阶，普安厅响水（今盘县属地）人。清光绪十四年三月二十八日（1888年5月8日）生。童年在私塾就读。光绪三十一年（1905）考取昆明高等师范。后入云南武备学堂、贵州陆军学校。宣统元年（1909），到湖北陆军学校学习。在校组织滇黔同乡会，任会长。武昌起义期间，同乡会成员组成学生军大队，邓汉祥任大队长，率队参加战斗。其后历任湖北都督府参谋、参议，北伐第一军高级参谋等职。解放后，邓汉祥曾据其经历先后撰写文史资料10万余字。

田君亮（1894~1987）　原名景奇，水城厅（今水城县）

人。3 岁时随父母移居大塘（今平塘县）。12 岁那年，举家迁居贵阳。宣统三年（1911）入贵阳模范中学，毕业后留学日本。在日本，参加了孙中山领导的中华革命党，积极从事民主革命活动。民国 8 年（1919），毕业于日本早稻田大学政治经济系。回国后，曾任贵州公立法政专门学校教务长、贵州军事善后督办参议。第一次国内革命战争时期，田君亮先后担任贵州省大塘县县长、贵州左路清乡司令部秘书长、国民革命军川东后备军总司令部秘书长。其间曾到广西参加驱逐军阀陆荣廷之战。第二次国内革命战争时期，田君亮相继出任四川省石柱县及贵州省务川县县长。后弃官从教，先后担任贵州省立师范学校、省立高级中学、省立女子中学、贵阳中学教员，大夏大学讲师，贵州大学教授。

解放后，田君亮历任贵州大学教授兼校务委员会常务委员、贵州省人民政府委员、贵州省文教厅副厅长、贵州省教育厅厅长兼贵阳师范学院院务管理委员会主任委员、贵州大学校长、贵州省文史馆馆长、贵州省副省长、贵州省人大常务委员会副主任等职。晚年参加中国共产党。

1987 年 2 月 15 日，田君亮在贵阳逝世。组织上在悼词中肯定他的一生是"追求进步、探索真理、坚持革命、为人民服务的一生，为贵州的革命和建设做出了突出贡献"。

刘雪苇（1912～1998） 原名刘茂隆，曾用名孙雪苇、韦辛、魏有生等。1912 年出生于贵州省郎岱县（今六枝特区郎岱镇）一个小手工业家庭，靠生产加工白纸为生。幼时家境贫寒，由他人资助在郎岱读完小学。

1931年，刘雪苇在贵阳中等师范学校毕业后，到上海开明书店做学徒。其间，开始接触革命书刊，接受马列主义影响。1932年3月，刘雪苇加入中国共产主义青年团，同年10月，加入中国共产党。1933年1月，刘雪苇担任共青团上海周家桥区区委组织部部长、书记。1933年3月1日，由于叛徒出卖被捕，国民党当局因找不到证据，刘雪苇被关押8个月后无罪释放。1934年2月，刘雪苇任共青团江苏省委青工部负责人。在上海期间，刘雪苇还组建了主要由贵州籍青年参加的读书会，组建了由读书会骨干、拥护共产党的进步青年参加的文艺研究会等，宣传马克思主义和共产党的政治主张，教育引导进步青年积极投身于反抗国民党反动派的斗争。

1935年1月，党中央批准建立中共贵州省工委，林青任书记。同年2月，刘雪苇参加省工委，任省工委委员。7月，七一九事件发生，省工委组织遭到破坏，刘雪苇、林青等在贵阳被捕。8月，刘雪苇越狱脱险。

1936年，刘雪苇在党组织安排下，再次来到上海。与张立在南京开设平平书店，作为党组织在南京的地下联络点。刘雪苇以书店为掩护，从事革命活动，为地下党筹集活动经费。不久，书店被查封。同年，刘雪苇在上海发表了拥护鲁迅提出的"民族革命战争的大众文学"口号的论战文章近十篇。

1937年，刘雪苇来到革命圣地延安，被分配到中央党报委员会工作，后任中共中央政治理论机关刊物《解放》周刊出版科助理科长，同时接受中央机关报《新中华报》的邀请，编《边区文艺》副刊。后又任中央研究院研究员、特别研究员，参加选编了《斯大林选集》《鲁迅论文选集》《鲁迅小说选集》等书，并撰写文艺理论书籍。

1941年初，刘雪苇任延安星期文艺学园副主任。开展《中国新文学史讲授提纲》的注释工作，后来缩写为《论文学的工农兵方向》（1948年5月由大连光华书店出版）。1941年7月15日，毛泽东在致刘雪苇的信中写道："雪苇同志，来信及提纲收读，虽然我提不出什么意见，但是赞成你写这本书。此复，致以敬礼。"

1942年，在整风运动中，刘雪苇到中央党校三部学习，加深了对毛泽东著作《改造我们的学习》《整顿党的作风》《反对党八股》《在延安文艺座谈会上的讲话》的理解。同年9月15日，毛泽东写信给何凯丰说："解放（日报）第四版缺乏稿件，且偏于文艺，我已替舒群约了十几个人帮助征稿，艾、范、刘雪苇及工、妇、青三部都在内。"刘雪苇被指定给改版后的中央机关报兼中共中央西北局机关报——《解放日报》写稿。

刘雪苇长期从事党的文化理论工作，用马克思主义和共产党的政治理论教育引导了一大批进步青年参加革命，坚定不移地贯彻执行党对文化工作的路线、方针、政策，宣传党的文化工作方向，为繁荣党的文化事业作出了重要的贡献。刘雪苇被收录入《中国文艺理论家辞典》。

五　地域文化

在六盘水广袤的土地上，除汉族外，还居住着44个少数民族，主要有苗族、彝族、布依族、仡佬族、回族、白族和水族等。六盘水市境内的苗族大多居住在海拔1500~2100米的凉山、半凉山峡谷地带；彝族大部分聚居在气候温和、降雨量充沛的半坡地带；布依族主要居住在北盘江及其支流沿岸的河谷和丘陵坝子中；仡佬族大多分散与其他民族杂居。至今，市境内仍流传着民谚："高山苗，矮仲家，不高不矮是彝家，仡佬住在石旮旯。"充分反映了全市四个世居民族的地理分布情况和自然生态环境。

追溯历史，六盘水是一座移民城市。对于一个建市才30余年的年轻城市来说，狭义上的移民，特指20世纪60年代，国家进行"三线建设"从华东、华北、东北等地大批迁入六盘水的以汉族为主的各族同胞。广义上的移民则可追溯到东汉时期彝族的首次迁入。唐末宋初，苗族迁入市境。明朝时期汉族、布依族进入六盘水市境。基于特殊的历史原因、地理环境和人文环境，六盘水的文化有着鲜明的地域性、开放性和多样性，也形成了外来移民文化与本土传统文化相互并存、相互包容、相互融合而又各具特色的鲜明特征。六盘水的文化表现形式呈现出丰富多元而又古朴神秘的特点。各民族在六盘水的土地上繁衍生息，创造了丰富绚丽、传统古朴、民族特色浓郁的地域文化，也留下了珍贵的文化遗产。

1 风格迥异的民间舞蹈

六盘水民间舞蹈因其特殊的地域生态环境而形成分布较广、种类繁多、样式不同、风格迥异的特点。从舞蹈的作用和目的上来看，大多为生活舞蹈，它是各民族为生活需要而进行的舞蹈活动，有习俗舞蹈、宗教祭祀舞蹈、社交舞蹈、自娱舞蹈、体育舞蹈等。

技艺精湛的苗族芦笙舞

六盘水境内的苗族芦笙舞种类繁多，难度较大，技巧性强，并且以独特的"矮桩功"著称，要求舞者边吹边跳，笙声不断，舞不停，特别是水城县南开乡、青林乡一带的苗族支系"小花苗"的芦笙舞，历史上以技艺精湛、舞艺高难、意味独特、高手云集而著称，在苗族芦笙舞系中形成以技取胜的一大流派，在全省和全国均享有较高声誉，是黔西北苗族芦笙舞的典型代表，被誉为"外国人学不了，中国人跳不好"的民间舞蹈艺术。其中，最具代表性的舞蹈是水城县南开乡、青林乡一带的"小花苗"支系芦笙集体舞，其内容涉及战争、耕种、祭祀、庆祝等,有反映苗族南迁、逃亡、躲避战祸、征战岁月的大小迁徙舞,有在苗家重大节日庆典"赶花场"上跳的花场芦笙群舞,有仿生的箐鸡舞等,其中,箐鸡舞已被列入国家第二批非物质文化遗产代表作名录。

芦笙集体舞分仪仗类和表演类两种,人数从数人到数十人、数百人不等。舞蹈时要求穿盛装出场,尤其是作为仪仗队的舞者,头上还要戴着箐鸡尾羽精心装饰的"英雄冠"。芦笙集体舞中的大小迁徙舞可以说是一部苗家南征、突围的英雄史诗,其传达出来的悲壮氛围,让人十分震撼,特别是经典动作"滚山珠",表演难度极大,只有少数芦笙舞高手才能完成。跳舞时,舞者下腰成180度的弧度,以头与双足为支点,围着一个倒扣的土碗作"自转"和"公转",且整个表演过程,笙不停,舞不歇,伴舞者有时数十人、数百人同时举步,几百架芦笙齐鸣,场面十分壮观。

花场芦笙群舞属仪式性混合的集体舞蹈,贯穿于砍花树、迎花树、栽花树、拜花树、转花树、迁花树、送花树等"跳花"活动的全过程。群舞由主家芦笙仪仗队领头,前面配以耍刀舞棍开道,后面由各寨芦笙手尾随。芦笙手少则数十人,多则数百人,均以花树为中心绕圈边奏边舞,气势宏大而壮观。舞蹈途中,仪仗队还要对花树下就座的寨老和贵宾行"芦笙叩拜大礼",整个气氛十分庄严、肃穆。

五 地域文化 69

芦笙舞

欢快热烈的彝族唢呐花鼓舞

流传在六盘水境内各地彝族间的唢呐花鼓舞，常用于喜庆欢乐场合和丧葬祭祀活动中，不管是什么场合下跳的唢呐花鼓舞，均因其曲调步伐欢快、谐趣而为人们所喜爱。唢呐花鼓舞的舞者多为男性，一般由4人组成。其中2人吹奏唢呐互相合谱，1人击花鼓、1人击镲钹相互响应，边奏边舞，舞时亦可多人持花棍、手帕等伴舞。该舞蹈成套，叙述性极强，动作套路常为生产生活、仿生的再现，也有"叠罗汉""翻跟斗"等特技。整个舞蹈以腰腿功夫见长，其特点为上身动作小而少，下身动作大而多，要求手随身变，身随步变，步随曲变，动作均视不同需要而灵活多变。在喜庆场合跳的唢呐花鼓舞则舞姿欢快热烈，而丧葬祭祀活动的唢呐花鼓舞则舞步沉重缓慢。如今六盘水市境的彝族唢呐花鼓舞常为多人参加的集体庆祝舞蹈。

粗犷豪迈的彝族铃铛舞

彝族铃铛舞即跳脚舞,彝语称"恳合呗",分丧葬祭祀跳脚和婚嫁跳脚两种。跳脚舞动作大起大落、节奏铿锵,除手铃击节外,全靠舞者高歌伴舞,以壮声势,气氛豪放悲壮,场面壮观。丧葬祭祀跳脚为传统仪仗式舞蹈,舞者均为男性,而婚嫁跳脚舞者多为女性,其他未婚青年男女可参与助唱助跳。

六盘水市境内的彝族铃铛舞以钟山区汪家寨镇新华村的彝族铃铛舞最具代表性。彝语"恳合呗"意为告别灵魂的舞蹈。新华村的"恳合呗"是人们悼念死者、超度亡魂的一种精神生活方式,舞者们希望亡灵能顺着"毕摩"所指引的方向回到祖先的发源地。新华村的彝族铃铛舞具有广泛的群众性,每一位彝人都是舞者。他们用舞蹈再现和歌颂彝族先民的勤劳、善良、勇敢。铃铛舞最大的特点为无伴奏的边歌边舞。舞时全凭舞者之间的相互默契,以手中的马铃声响为节奏。舞前,舞者们先唱"恳合",歌毕即起舞。其动作古朴简单,铿锵有力;步伐交错,进退有序;节奏明快,场面热烈。舞者腰肢前后左右扭动,或前俯后仰,或相互背驮,有步步逼人之感。舞时,人们或打灯火照明,或鸣枪放炮、呐喊助威,整个场面犹如骏马奔腾,气势豪迈、恢宏大气、撼人魂魄。该舞叙事性极强,审美价值极高,极具观赏性。今天,新华村的彝族铃铛舞已发展为融祭祀、庆典于一体的集体自娱舞蹈。

肃穆神秘的彝族毕摩舞

六盘水市境的彝族毕摩舞流传在盘县境内的彝族中,由毕摩率队为已故老人做法事或祭山神时跳,以驱邪祭告为主要内容。人员少时5~6人,最多可达60余人。舞者皆为男性。毕摩舞为成队祭典仪式集体舞,舞者戴"钻天帽",披紫绛色羊毛毡披风,手持彝文驱邪经书,一半人拿竹制长剑,一半人拿牛角。舞时由两老毕摩领队,大跨步鱼贯入场。然后以不同队形组合的走法表达意义,按"无极生太极""太极生两仪""两仪生四象""四象生八卦""八卦定阴阳"等内容变换队形,边念彝文经边跳,以表示请诸路山神、指路还籍、驱邪出境、祷告清净平安等主要内容。整个舞蹈的舞者服装奇特,形式固定,动作简略沉稳,气氛肃穆神秘,具有较浓的民族宗教色彩。

毕摩舞

2 特色鲜明的民间音乐

六盘水市的民间音乐涵盖民间歌曲、民间器乐、民间歌舞等方面,且丰富多彩,特点、调式等各不相同,常常在同一民族中,各支系之间的曲调又各不相同。但是由于各民族之间的长期交往,一些歌谣曲调及器乐曲调也同时在不同民族中演唱流传,不同曲调又出现部分融合交叉的现象,形成了各民族相互吸收而又各自保留着自己鲜明个性的特点。各类曲调分别在劳动生产、婚丧嫁娶、迎宾送客、祭祀打嘎、过节赶场、男女交往、喜庆祝贺、娱乐休息等不同场合演唱。各类民族的历史文化、风俗礼仪、民情宗教、生产生活等民族文化艺术都以民间音乐为载体,代代相传,不断丰富,形成了各自不同的艺术特色。

热情质朴的山歌

六盘水市境的山歌曲调抒情优美、感情朴实、热情真挚,多为在屋外、山上演唱的即兴之歌,即"山野之歌",且大多为情歌。境内仡佬族山歌平易古朴、节奏自由、变化较大,曲式有两句半、四句半等结构,以上下乐句组成的四句歌单乐段居多,曲调多为徵调式或商调式,演唱方法分平声大嗓和细声小嗓两种,较为流行的有以水城蟠龙为代表的《情妹送郎一双鞋》以及以六枝堕却为代表的《姐妹出门要梳头》等。彝族山歌曲调较为丰富,唱法多样,有用彝语演唱的"曲谷"和用汉语演唱的"霎谷慕"两种。男声多用真嗓,女声多用假嗓,曲式多为二句体或四句体的分节歌。曲调风格以北盘江为界分为"水城、六枝派"和"盘县派"两大派系。"水城、六枝派"曲调高亢古朴,节奏欢快,调式较多,变化较大,一些在威宁县、赫章县流行的曲调也在当地流行,如《阿西里西》,部分曲调还融入了汉族山歌的特点,如《老表不亲哪个亲》等;"盘县派"曲调起落较大,拖腔多用半音、滑音或颤音装饰,旋律多为级进,节奏跌宕自由,唱起来回环婉转,悠扬亮丽,部分曲调和云南调相互融合,具有较强的地方特色,较有代表性的曲调有坪地的《送郎送到鸡场坪》等。苗族山歌较原始古朴,分一般山歌和喊歌两类,多为徵调。"一般山歌"即男女在一起时互相对唱,又称"坐歌",用原嗓演唱。曲调柔和亲切,平易流畅,音程跳动小,古朴淳厚,句式长短不定,带有一定的叙说特点,多用原声演唱,音域窄,音量较小,故又称"平声山歌",内容以情歌为主,在游览、赶场、放牛等场合演唱,并且各个支系有各自的特点,较有代表性的有六枝的《放心大胆同哥游》《螺蛳吃水一排排》《三个小岩对小岩》,盘县的《一把伞有二面花》,水城的《深更半夜到妹家》《我们心要在一起的》。"喊歌"又称"尖声山歌",多用假嗓,男声和女声均需用最高最大音量,拖腔较长,在野地隔山演唱。喊歌是小花苗支系中特有的一种山歌形式,其音程大起大落,高亢悠长,曲调回旋优美,婉转抒情,开头常用"木呃""阿喂"等固定"喊调"起头,歌词可视实际需要组合,以不规则的长短句向听者传递信息、邀约相会、叙说思慕等,具有较大的即兴成分和抒情性,较有代表性的有《今年苗山喜事多》《来找没有心上人的小妹》《我是一朵隔河花》等。布依族山歌多用假嗓演唱,音调尖细平稳,起伏小，音阶材料简约，大多为五声音阶的叙唱型曲调，保持着古朴的民族风，就其曲式结构、调式特性区分，有以六枝落别为代表的《青年歌》《赶表歌》，以盘县羊场、鸡场坪、坪地为代表的《扁担送饭情义长》《过了龙潭喊口干》，以水城蟠龙、发耳为代表的《捉蝌蚪》《布依族情歌》等。水族山歌曲调旋律性强，平实悠扬，民间俗称"啄磨担钩"，较有代表的山歌曲调有六枝岩脚的《山歌不唱自来明》《唱歌记得恩爱郎》，水城蟠龙的《大河涨水漫上岩》《太阳出来红花开》，大河的《哥变蜜蜂转来缠》，南开的《不唱山歌不记情》等。六盘水市境内的汉族山歌，曲调悠长，节奏规范而拖腔较自由，旋律进行较为平稳。曲调各地略有差别，基本为同一调式的不同变异，以七字四句为一首的起承转合式为典型，汉族山歌内容包罗万象、种类繁多、系统复杂、流传面极广，在各民族中均广泛引用，较有代表性的有六枝风格的《哥在坡前摘葡萄》《哥是桂花香千里》，盘县风格的《月亮出来亮真真》《郎是高山箐林的嫩笋尖》，水城风格的《二人相合一百年》《细细鱼儿在河沟》《要妹唱歌妹不愁》等。

包罗万象的布依族盘歌

布依族盘歌是第二批国家级非物质文化遗产。流传在六盘水市境布依族间的布依盘歌是用原生态布依语创作并传唱的民间文学作品，是布依人的口传史诗。它以布依族的民族起源、发展、变更、迁徙等为线索，记录布依族的重大事件、重要活动，描述布依族聚居区域的自然生态、人文景观、风土人情，介绍布依族婚丧嫁娶习俗和民族传统文化，劝导布依人积德行善、发展生产，激发布依人创造美好生活的信心，内容可谓包罗万象，是布依族人民千百年来集体创作的结晶。

布依盘歌主要流传于贵州省境内北盘江流域的布依村寨中，尤其以六盘水市盘县羊场布依族白族苗族乡一带的布依盘歌最具代表性，它有着广泛的群众性和民间传承性，在长期的口头流传过程中，每一位布依人都是歌手，尤以卜摩（相似于法师）、卜松（相当于知名歌手）等在婚嫁、祭祀、葬仪等活动中的唱法较为规范。布依盘歌最盛行、最传统的演唱场所还是在婚礼上。婚礼上，男方家所请的迎亲男歌师"报松"和女歌师"亚松"要与女方家所请的男女歌师展开对唱布依盘歌的对抗赛。整个婚礼进程中，歌师们吟唱的布依盘歌婉转悠扬，声情并茂，给婚礼增添无限的喜庆。

布依盘歌作为一种古老的文学作品，比一般的叙事诗歌、抒情诗歌拥有更多的文化内涵。今天，在六盘水市境乃至周边地区布依族聚居区域内流传的《孤儿苦》《育儿情》《姑娘怎样把家当》《王玉联的遭遇》等叙事长诗均与布依盘歌一脉相承，足见布依盘歌的深远影响。布依盘歌表现了布依族万物有灵、生命神圣、众生平等、人与自然共生共荣的哲学思想，寓含了布依族人的精神、信仰、价值取向，涉及了布依族人的历史、伦理、民俗、自然和衣食住行等方方面面，具有人类学、民族学、民俗学研究素材的特殊价值。布依盘歌在布依族人中口头传唱千百年，它是布依族人的一部无字百科全书，具有珍贵的文化价值、历史价值和研究价值。

稀有罕见的民间器乐

在六盘水市境内，稀有的民间乐器有珍贵罕见的大筒箫、古朴原始的三眼箫、轻柔委婉的姊妹箫等。

珍贵罕见的大筒箫

居住在盘县马场乡滑石板村的花苗支系苗族同胞用他们的聪明才智发明了一种民乐里极为罕见的倍低音竹管乐器——大筒箫。该箫由一截长约130厘米的竹筒制成，上凿6个音孔，且音孔均不在一条直线上，距离各异，分立式手按和坐式手脚并用两种类型。立式大筒箫和直箫类似，多与直箫合奏，俗称"公母箫"；坐式大筒箫比立式大筒箫更粗更大，演奏时演奏者取坐式，将大筒箫置于地面，用左右脚拇指配合按音孔，手脚并用，演奏方式非常奇特。大筒箫管粗孔大，用气量大，演奏时讲究手脚指法的灵巧配合，吹奏难度较大。大筒箫低音沉闷，略带沙哑；中音坚实浑厚，柔和宽广；高音比较欢快。大筒箫尤以已故民间艺人王连兴的演奏最具特色，其代表曲目有《山歌悲调》《孤儿》《女择男》等，大筒箫为六盘水市境所独有。

古朴原始的三眼箫

三眼箫在苗语中称"匣若"，在六枝梭戛一带箐苗支系中流传。三眼箫有大小两种，常用的为长1米左右的大箫，用水竹凉干制成。音孔从上到下共开3孔，且不在一条直线上，外形极为古朴，做工较为原始。三眼箫曲调多为模仿人声歌唱的山歌、情歌、酒令等，高音细柔，中低音浑厚，音之间的升降流动较为自然，节拍自由，具有较强的歌唱性。

轻柔委婉的姊妹箫

姊妹箫主要在六枝落别一带布依族中流行，布依语称

"力勒喂念"。演奏时两人各持一只音高低相同的箫，或将两支捆在一起由一人演奏，故称姊妹箫。姊妹箫多用苦竹制成，竹管长约30厘米，管径约1.5厘米，开有8个音孔，姊妹箫形制短小，音色轻柔，常用于青年男女传递爱恋之情。曲调多以赶表歌、山歌、小调等中的情歌为主，各种节拍交替出现，叙事性较强。

3 积淀深厚的民间文艺

在漫长的历史进程和长期的生产劳动和生活中，六盘水市境各居住民族创作了大量的民间文艺作品，包括神话、传说、故事、史诗、民歌、谚语、谜语、说唱、民间戏剧、曲艺等。各类形式的民间文艺通过各世居民族代代相传、口口相诵，经过不断的丰富发展，形成了精彩的、独具地域特色的民间传统文艺。这些散落在民间，如浩瀚星辰般闪耀着光芒的民间文艺作品，集中反映了各居住民族的社会生活和民族心理，表现了他们的审美理念、艺术情趣、伦理道德、希冀爱憎、生活习俗、价值取向等，有着极高的社会价值和研究价值。

丰富多彩的民间故事

六盘水市境内的民间故事包括神话、传说、故事等形式，是一种富有幻想色彩和现实性较强的口头散文体作品，在六盘水市的民间文学中占有较大的比重。其内容包括历史神话、天文地理、人物风情、山川洞府、鸟兽虫鱼、花草木果、民风民俗等。各类民间故事全面地、多层次地、多角度地再现了各世居民族的社会历史生活,是人们了解各居住民族的风俗习惯、经济生活、文化传统等内容的极好材料。

想象丰富的传说

六盘水市境内的各类民间传说内容十分丰富,涉及自然、历史、山川名胜、风物习俗以及人民战天斗地、抗暴除恶等方方面面。如反映古代各族劳动人民征服自然和改造自然美好愿望的《洪水朝天的传说》《太阳和月亮的传说》《山和煤的传说》等;记叙了苗族祖先从长江中下游一带迁徙来黔历史的《苗爹苗妈的传说》《苗王留连的传说》等;叙说各民族悠久的古代文化,塑造了一个个神力无比、顶天立地的英雄崇拜形象的《孟龙国的传说》《夜郎王的传说》《龙总兵的传说》等;通过对本地区山川名胜的美好联想,抒发了当地人民热爱家乡的深厚情怀的《钟山洞的传说》《天生桥的传说》《观音洞的传说》《滴水滩的传说》等;从不同角度注释各民族风物习俗的《三月三祭山的来历》《小花苗献山节的来历》《铜鼓的传说》《油团节的传说》《火把节的来历》《神仙坡跳花场的传说》等;反映劳动人民对现实生活中奉献自己,改恶从善,创造发明,反对压迫及暴力统治的能人、英雄的敬重和爱戴之情的《十八罗汉的来历》《鲁班的传说》《刘金锭踞山为王》等;从不同侧面通过幻想对自然现象予以解释,间接地表达了劳动人民惩恶扬善的情感和观念的《闪谷包的来历》《雷和闪电为什么不一起出现》等,可谓丰富多彩。

跌宕起伏的故事

六盘水市境内的民间故事数量多、流传广,内容丰富多彩，形式活泼浪漫，情节曲折多变，具有较浓的文学色彩。如追求婚恋自由，歌颂忠贞不渝爱情的《撵虎夺亲》《特嘎的故事》等；同情弱小孤苦、反对邪恶强权的《朵吐与奴哉戛惹》《铁树妹》《王马头与叫天子》《狗姑娘与昆伦》等；赞美勤劳勇敢、鄙视懒惰贪婪的《两姐妹》《楷龙与楷虎》等；赞扬智慧人物的《高磊山的故事》《阿哩的故事》；反映劳动人民聪明才智的《阿奴堵换妻》《无事牌》《围腰布的来历》；提倡敬老爱幼、惩治不孝的《李老奶治恶媳》《老安》《可大与可小》等；幻想丰富的《蛇郎》《虫包姑娘》《老变婆》等鬼狐精怪故事；妙趣横生的《老虎和水牛争大哥》《癞疙宝和老虎比本领》《小黄麂和豹子》《猴子、狐狸、马和兔子》等动物的故事。以及在不同区域流传的，众多当今生活故事等。

源于生活的民歌

在六盘水各民族的生活中，不论是宗教祭祀、生产劳动、日常生活，还是衣食住行、婚丧嫁娶等，都离不开民歌。尤其是少数民族聚居的乡镇，几乎人人会唱歌，个个是歌手，乡乡有歌场。各世居民族通过演唱民歌来抒发情感和表达对美好生活的向往。六盘水市境内的民歌，形式、内容、种类繁多。有的世代相传一成不变，有的即兴编创出口成章。短的三五句、长的达数千行，主要有古歌、酒令、山歌、小调、祭祀词、说唱词、民谣、儿歌等。内容涉及劳作、时政、仪式、情爱、生活环境、历史传说等诸多方面。各类民歌大多为口头传唱，也有部分唱本及文字记载。民歌在各世居民族中风格迥异，甚至有"隔山隔水不同歌之说"，分别在婚丧嫁娶、迎客送礼、人际往来、生产劳动、娱乐休息、谈情说爱等场合配以各种曲调演唱。演唱有用少数民族语言演唱的,也有用汉语夹杂少数民族语言演唱的。

当夜幕降临、旭日初升,在山花绽放的春日,在草长莺飞的夏夜,在挂果的金秋,在大雪封山的冬季,在凉都六盘水的山水间,青年男女们情歌四起,穿越历史至天荒地老。歌声荡漾于崇山峻岭之间,或热烈低婉、或粗犷奔放,直白、率真、大胆,不藏匿地表达爱慕,互诉衷肠,给寂静的山寨带来了无限的生机,使农耕生活充满了诗情画意。"以歌为媒"是六盘水市众多少数民族同胞的婚姻习俗,同时也是他们在社会生活中必不可少的经历。有歌才有情,有歌才有爱。至今,在一些边远的少数民族聚居区,仍然存在着没有歌就无法谈情说爱的牧歌似的浪漫。情歌,在六盘水市境内流传的民歌中数量最多、质量较高、形式多样、种类繁多,多分布在各类山歌、酒令、小调中,或单独一首,或成对应答,或成组套接,以七字四句为一首的山歌形式演唱得最为多见。在彝族、苗族、水族、布依族、仡佬族等民族中,则以五字句以及不规则的长短句为多,如酒令、喊歌等。就其表现内容看,从男女相识、相知、相恋、相爱遍及整个婚恋过程的方方面面。情歌如一朵朵艳丽的山花绽放在六盘水的山水间,极大地丰富了六盘水市的民族文学,也给各世居民族带去了心灵陶冶和享受,较有代表性的有《小花苗坐歌》《吹起木叶唱起歌》《山歌出在淤泥河》《快来唱吧》《郎在高坡妹在冲》《丢个石头试深浅》《不知妹心同不同》《好花一朵满园香》《月亮无油会发光》《天上只有月亮明》《花开只有这朵鲜》《生为郎来死为郎》《魂魄落在妹的家》《冷饭发芽也不丢》《大河涨水淹白岩》《奈何桥上等三年》《生一堆来死一堆》《木叶声声飞过河》《送妹送到大河边》《想妹十二月》《郎吹木叶妹唱歌》《一天想妹十二时》《情哥收信快回头》《假话骗我骗得确》《天晴冷阴阴》《走大路要走中间》《爹娘栽花无眼睛》等。

富于哲理的民间谚语

民间谚语在六盘水民间文学中占有一定的比重，具有较强的讽劝性、训诫性、经验性、知识性和哲理性，充分表现了黔西北人民在长期的生产劳动、日常生活和社会发展中所积累的各种经验，是当地各族劳动人民智慧的结晶。从形式上看，字句最少的仅三五个字，字句多的达10句。一般以五字、七字组成的两句、四句构成的居多。表现手法多采用比喻、夸张、押韵、陈述、排比、对偶等多种修辞形式，语言精练准确、生动活泼、上口易记。内容涉及时政、事理、修养、社交、生活、自然、生产等方面，除有较高的语言艺术价值外，对史学、民俗学等社会科学研究以及自然科学的研究具有很高的参考价值。

原始古朴的民间戏剧、曲艺

六盘水境内流传的民间戏剧、曲艺主要分两大类。一类是地方长期流传的特有剧目曲种，如六枝特区境内的地戏，水城县、盘县境内的傩戏（端公戏），水城县彝族中盛行的盘歌说唱表演，全市境内均有流传的花灯等。另一类是外地传入的剧目曲种，如传入较早的文琴坐唱、唱道情等，在六盘水已有较长的历史；传入较晚的有相声、评书、快板、对口词、数来宝、锣鼓词、三句半等较为普及的现代群众曲目。此外，尚有20世纪60年代后随着"三线建设"全面开展后在各地厂矿、城镇流行的各种外来剧目形式，如山东快书、河南坠子、四川清音、北方大鼓、江南评弹等。

传承久远的地戏

地戏主要在六枝特区落别、骂冗、纳骂、折溪等地流行，由明洪武年间的戍边军中傩戏演变而成，和安顺地戏"同宗异支"，具有较长的历史。六枝地戏演员上场均戴面具，面具依不同角色雕刻，以敌对方各主、帅、将军、军童、女将、文官等分别造型，五官变形夸张，武将戴着龙、鹏、凤、鸟装饰的帽盔，文官戴着纱翅官帽，并有僧、道、丑角等类型。武将均背插小旗或箐鸡尾，穿战裙，文武军民之间着装随意性较大，道具有刀、枪、剑、戟、斧、锤等兵器及各类彩旗等。地戏表演程式以武打为主，动作多为跳杀旋斗，并依不同角色的剧情需要而自由发挥。戏目内容以表现忠孝节义的历史传统战争题材为主，主要有《薛仁贵征东》《薛刚反唐》《大反山东》《五虎平西》《五虎平南》《罗通扫北》《薛丁山征西》《三国演义》《封神演义》《杨家将》《岳飞传》等。地戏表演多在春节期间，主要由地方民间组班表演，带有一定的娱神、逐疫、纳吉色彩。

充满神秘色彩的傩戏

傩戏亦称傩堂戏、端公戏、庆坛戏等，多在"庆坛""谢神""还愿"等宗教性祭祀活动中演出,分戴脸壳和不戴脸壳两种。脸壳多为木雕,雕工原始粗犷,形态夸张变形,涂色怪异不拘,按不同角色而设,师徒相传,代代沿用。傩戏表演较少固定程式,动作朴拙自由,常根据情节需要即兴发挥,表演中常伴有踩铧口、捞油锅、吐火踩刀等特技。傩戏内容多以神祇鬼怪传说为主,多为片断情节。表演中说、唱、跳舞夹杂,并可临时编造无关台词串入,插科打诨,激发观众情绪,具有较强的随意性。傩戏唱腔各地差异较大,多吸收当地民歌曲调、宗教音乐混合而成,口语吟唱较多,常伴以锣、鼓、钹等打击乐烘染气氛,并有众人"压尾"帮唱。

古朴的布依戏

布依戏亦称"茂戏"(布依语音译)、"唱大戏"等。一般在做大斋,祭祖等祭祀场合由法事先生率队表演,主要内容以叙述祖先历史上攻城略地、战胜敌人建设家园,以及驱邪迎吉、祈丰收、保平安等内容为主。流行在六盘水境内六枝箐脚、盘县保基乡陆家寨村等地布依族村寨中。布依戏表演集唱、做、舞于一体,以铜鼓为中心,配以唢呐、月琴、二胡、姊妹箫等器乐伴奏。唱腔多为当地法事吟唱或流行山歌小调及酒令曲调等。歌舞涉及开辟疆土、收打、栽插、扬晒等。表演者穿法衣戴法帽或穿着布依礼服戴丞相帽、将军冠等。表演无固定舞台,在晒坝、场院或山坡上空旷平坦的草地均可。布依戏的舞蹈演唱均带有较强的随意性。在六枝一带曾出现过《精忠传》《目莲救母》《刘氏挡叉》《背寒林找替身》等剧目,而盘县一带则类似于不戴面具的端公傩戏。

热热闹闹的花灯

花灯亦称"唱花灯""跳花灯""闹花灯"等,多在汉族中流传表演。为农村节日期间伴以彩灯进行的歌舞娱乐活动,以春节至元宵节之间为盛,故有"花灯闹元宵"之说。花灯在六盘水市境范围内均有分布,以六枝平寨花灯最为有名,至今仍有业余演出团体在坚持演出。花灯主角常以生、旦二人分扮干妹、干哥、夫妻、兄妹、叔嫂等,表演时执扇挥帕歌舞以展示情节,极讲究步法与扇帕功,主要程式有"金鸡独立""双龙出洞""蟒蛇缠腰""老鹰展翅"等。对舞有"翻花对""背花对""扭腰对"等多种套路。花灯唱腔曲调较多,各地风格不一。六枝一带唱腔多受安顺花灯影响,水城地区唱腔则吸收当地汉、彝民歌小调较多,盘县腔调则具滇东韵味。六盘水境内的传统花灯戏有《憨包敬娘》《三人讨亲》《逗哥》《千里送京娘》等戏目,内容上大多诙谐风趣,形式上载歌载舞,欢快活泼。

兼具说唱性的文琴坐唱

文琴坐唱于民国初年传入六盘水市境内。盘县、郎岱等县城曾一度形成演唱班子,在茶馆、酒楼以及相关节假日里,群众聚合演唱。演唱为以扬琴伴奏的说唱形式,俗称"打扬琴",有简单的角色变换及戏剧性情节展示。戏目多从川戏、滇戏等其他花灯传统剧目中移植,多为折子片断,也有用民间说唱本改编或即兴创编的曲目戏目等。有特定的音乐曲目和表演程式。新中国成立后,逐渐发展为贵州地方戏剧——黔剧。

4 五彩缤纷的民间节日

六盘水市境内的各聚居民族依照本民族的风俗习惯、典章文物、宗教仪式、服饰礼仪、民间艺术等展开了一系列精彩而繁多的节庆活动，如苗族的跳花节、彝族的火把节、布依族的对歌节、仡佬族的吃新节、箐苗（长角苗）的祭箐节等。这一系列的民俗节庆活动除了保留本民族传统的跳舞对歌、吹笙赶表、斗牛跑马、燃箐火点火把等传统项目外，还加入了各类体育竞技和劳动竞赛场面，整个活动场面大、气氛热烈，参与者众多，早已打破了民族界限，是当地民族精神文化的集中载体，有着十分丰富的文化内涵。

苗族跳花节

水城苗族跳花节在每年农历二月十五举行，传说这天是古代苗家南迁时突破敌军重围而分别出走的日子，具有特殊的历史纪念意义，举行地点在南开乡的三口塘跳花场。跳花节从新中国成立前发起至今，规模逐渐扩大，成了水城、威宁、赫章、纳雍一带小花苗支系民族跳花聚会的隆重节日，参与者多达数万之众，三口塘也因此成了黔西北苗家最大的跳花场。

跳花节的整个活动围绕栽在花场中心的一棵象征幸福吉祥的"花树"进行。相传，跳花开始，身着盛装的各地芦笙手齐聚树下，在仪仗队的带领下围绕"花树"跳起庄严肃穆的芦笙舞。芦笙手们成群结队，不断增加，几百人同时举步，数百架芦笙齐鸣，场面十分壮观。跳花进入高潮，芦笙手们纷纷舞到"花树"下坐着的老人们面前行叩拜大礼,俗称"拜老人"。"拜老人"结束后,跳累了的芦笙手可稍事休息,由新上阵的芦笙手接着跳,其他比赛、表演等亦穿插进行。如此往返,"花树"下芦笙不歇,舞不停,一直到太阳落山。夜幕降临,花场周围点燃篝火,苗家小伙姑娘们纷纷用"喊歌"相互联络,互扯"花背",或用口弦、木叶、口琴互诉衷肠,花场成了青年男女们谈情说爱的场所。天亮前,还要举行神秘庄严的送"花树"仪式,受过祭拜的"花树"将在长者们的护卫下移出花场,送到一个易于隐藏、不被人畜践踏的洁净地方存放起来。送走"花树",整个跳花活动随即结束,赶花场的人们在日出前纷纷散去。如今的三口塘苗族跳花节已成为六盘水市境各民族文化交流、商品交换的民族大聚会节日。

彝族火把节

每年农历六月二十四,在水城玉舍乡的海坪村都要举办规模盛大的海坪彝族火把节。火是彝家的崇拜物,相传恶神热斯阿比嫉妒彝家人兴财旺,把大量的"天虫"撒到凡间啃食庄稼,企图灭绝彝家。一个叫八梯那玛的英雄领着大家同恶神展开斗争,用千万支火把烧死了"天虫",也烧死了恶神,取得了胜利。人们为了纪念这位英雄,每年都要举行火把节,并把烧死恶神的这一天(农历六月二十四)定为"大年",代代相传,使之成为彝家最为隆重的节日。每到这一天,彝家各村各寨都要点燃火把,游行于山乡田野,并举办各种文体娱乐活动,尽情歌舞、彻夜狂欢。海坪彝族火把节内容丰富、规模较大,每年都要组织各种民族民间传统文体项目进行竞赛表演。有众人齐跳的搭体舞、激越神秘的羊皮鼓舞、欢乐风趣的唢呐花鼓舞、唱跳相融的酒礼舞、青年男女钟情的对歌，以及独具特色的打磨秋、滚龙秋、拔河、赛马、斗牛、斗羊、斗马、斗鸡等活动。夜幕降临，四周山上的火把燃起，汇成条条火龙涌向海坪坝子中间，场上顿时篝火熊熊、烈焰冲天，人们围着象征兴旺发达的火堆载歌载舞，直到尽兴方散。

布依族"六月六"

布依族"六月六"有众多的来源传说，主要为纪念布依族祖上一青年与天上仙女相恋结婚，后遭恶人破坏，几经磨难后，得到山神土地的搭救而死里逃生，其获救时间是六月初六，从此，每年这一天，布依族家家户户都要杀猪祭山神土地而流传至今，久而久之，就形成了隆重的"布依年"。

"六月六"亦称"布依年""布依族火把节""歌节"等，是六盘水市境内布依族最为隆重的节日。六枝、水城一带的布依族"六月六"一般要过3天，从六月初五开始，亲戚朋友互相拜访，家家户户都要包粽子、打粑粑，男女老少穿新衣、着盛装，做好一切节日活动的准备。六月初六是祭祀，天一亮，家家户户都要在田坝水边搭木叶桌杀公鸡祭水口，以纪念开疆辟土的仡佬族祖先和布依族前辈，保佑年年风调雨顺，人人无灾无害。其次是祭山，每个布依族寨子都有自己的神山，山上树木均为神树，树为山之灵，祭山即祭树，以祈求山神、土地树神、祖先等保佑风调雨顺、五谷丰登，全寨人畜平安、无灾无难。所祭鸡猪"回熟"后要煮成"全锅汤"，全寨不论男女老少均就地围坐野餐分食，分食前由寨老致辞祝酒，布置寨中婚丧嫁娶等大事，安排全年生产及下一轮主祭人家等。野餐中大家相互劝菜敬酒、气氛活跃。野餐后吃剩的东西须平均分配，不论多少，家家有份。六月初七要杀狗过年，上午需将狗杀好煮熟，午饭时全家团聚饱餐一顿，中午青年们要上山搭帐篷作谈情说爱对歌用。帐篷搭好后需由布摩祭柱后方能进入。此后，小伙姑娘们可在帐内篷外自由对歌。跳刷把舞、皮条舞，吹木叶、唢呐、姊妹箫等，晚上打火把游山。当新月将尽时，各村寨等候在山上帐篷里的青年们纷纷拿出早已准备好的火把点燃，成群结队地满山挥，或直线成串、或满山散开、或交结成团，舞时常伴以高声呼喊，各村寨常以此暗中相互比试较劲，以火把燃得旺、舞得久、舞出的花样多、喊声高者为吉得胜。舞火把结束后，青年们可自由对歌或回家休息。六月初八则是上山采火草、拾火石，以此作为媒介为未婚男女提供条件，使之相互接触交往，其实主要内容是由各寨青年男女们互相邀约上山对歌，所唱有"相识歌""交谈歌""赞美歌""盘问歌""定情歌"等，最后分别时还要唱"离别歌"。经过这种采火草、拾火石活动，如男女双方都有意便可托人上门求亲，谈婚论嫁了。如今的布依族"六月六"已演变为规模浩大的对唱节了。

5 独特精湛的民间美术

六盘水市民间工艺品在各民族中均有分布，主要集中在服饰制作、生活用品两个方面，其中以苗族的挑花、彝族的彩布贴花、各民族的剪纸、汉族的木刻纸马，以及水城的纸扎、盘县的砂陶、发耳的乌木烟杆等较为著名，还有工艺手法较为原始古老的蜡染、编织、雕刻等多类品种，都充分体现了各民族的审美理念和聪明才智，具有较深的历史文化沉淀和艺术内涵，在全市民族民间文化艺术中占有重要的地位。此外，在部分地区，近年发展起来的还有根雕、盆景、草编、烙画、拼贴等工艺。

清奇古朴的蜡染

蜡染工艺主要在六盘水市境内的苗族、布依族中流行，分单染和复染两种。单染为一次上蜡染成，成品多为纯蓝白两

蜡　染

色；复染为多次画蜡多次染成，一直达到所需成品的最终要求，达到深浅不一的间色效果，层次丰富，精致耐看，具有较高的艺术效果。蜡染染料由各族同胞自己种植的蓝靛加草木灰等多种植物配合而成，图案大多与各民族的刺绣、挑花、剪纸等所用图案相同，并且多为传统纹样的变异。市境内各族同胞中流行的蜡染主要有苗族支系歪梳苗的细绘蜡染、大花苗的阴留蜡染、花苗的点绘蜡染以及布依族中的各类传统蜡染工艺。蜡染工艺古朴、原始、清奇，印染过程中出现的自然皱裂的"冰纹"，因自然难测，常常出现意想不到的神秘艺术效果，深为人们所喜爱。

工艺精湛的民间刺绣

刺绣是六盘水民间美术中最为广泛，也最为丰富多彩的工艺形式。它传承范围广，技法丰富多样，尤其以苗族、彝族、布依族的刺绣最具代表性。常见的工艺形式有刺绣、挑花、彩布贴花等技艺。

六盘水市境的刺绣有平绣、盘订绣、锁扣绣等技法。平绣在市境各民族中较为普遍，尤其以歪梳苗刺绣最具特色，其图案多为剪纸或描绘花样，写实性较强，主要纹样有蝴蝶花、八宝花等10余种，配色艳丽明快，清新素雅，多用于袖口、围腰、儿童鞋帽、背扇、裙饰等处。

盘订绣应用范围较广，尤其以布依族最为集中突出，其传统花纹有盘龙、飞凤、游鱼等10余种，用色多以青紫铺底，喜用白、黄、绿、桃红等色相互衬托搭配，色调明朗而鲜活，常用于衣裙、飘带、背扇等处作装饰，有较强的立体浮雕效果。

锁扣绣在全市各居住民族中均有流传，尤以布依族中保存较好，其表现手法多样，花线呈环状，圈圈相套、环环相扣，可并列铺填，也可单线成绣品，常用于镶边和锁口，其纹样、用色等和盘订绣基本相同，也有较强的立体浮雕效果。

挑花工艺流行于市境苗、彝、汉、回、布依、仡佬等民族中，尤以苗族挑花最具特色和代表性。市境内的挑花针法较多，并且有正挑正看、正挑反看、盖面复挑等不同工艺表现形式，特别是水城县南开乡一带的小花苗中流行的正面彩反面素、彩色盖面复挑工艺较为特殊，其手法独特，堪称一绝。市境内的挑花花色搭配根据各民族的审美习惯而定，苗族挑花喜用光度较高的暖色和对比强烈的极色，布依族、汉族等则喜用艳丽谐调的同类间色。挑花的图案多为直线构成传统几何形，不同图案均有不同名称，并且具有一定的象征表意和特殊纪念意义。特别是小花苗的彩色复挑工艺更为独特和考究，其层次丰富，成品浓烈艳丽、五彩缤纷，是黔西北苗族刺绣中的最精彩部分。

彩布贴花亦称"贴花绣""贴花""锁边滚花"等。是用各色绫、绢、布等剪成各种图案拼贴镶嵌挑刺而成的一种彝族服饰中的传统工艺。六盘水市境的贴花工艺图案丰富，有卷云头、歪桃、石榴等近20种，并按习惯分别用在服饰不同的部位。贴花图案均为曲线块面组合，且块面较大，各类选用图案均以宽窄不同、旋曲多变的叶草线条串连。贴花布料多选用光泽度较好的绢绸，底料则多选用黑、白平板棉麻布，颜色搭配讲究谐调鲜艳，均以大色块为主。刺绣完工后的彩布贴花层次分明，线条流畅，色调沉稳瑰丽谐调，远看如单线平涂，近看似浅面浮雕，极具民族特色，为六盘水市民间挑花刺绣工艺中的奇葩。

6 绚丽多彩的民族服饰

六盘水市多姿多彩的民族服饰，可以说是一种物化了的文化，它们除了外形上艳丽多变、样式独特，装饰手法和图案花纹多样外，有的还具有特别的纪念意义，也充分体现了各地民族特有的传统文化审美理念和心理感观特征，同时也是各民族重要的文化标识，维系着各民族赖以生存发展的基因，具有非常丰富的文化内涵。

精湛艳丽的苗族服饰

六盘水市境的苗族支系繁多，服饰式样差别较大，境内主要有歪梳苗、小花苗、大花苗、青苗、白苗、箐苗、喇叭苗等支系。各支系中又分不同的子支系，装束亦不一样。苗族因其长期迁徙和无文字的历史，其服饰多带有一定的历史纪念意义。各支系的称呼主要以服饰特点作区别，是六盘水境内民族传统服饰最有特色的代表民族。

歪梳苗支系服饰

歪梳苗支系服饰男装与汉装相似，分长短两式。短者对襟，长者右衽，皆为立领。面料多用自织靛染麻布，故又称为"汉苗"或"黑苗"。女装头髻上于右耳上歪插彩梳，故有"歪梳苗"之称。歪梳苗又有大歪梳和小歪梳之别。大歪梳支系民族的女装组合较为自由，上衣为大右衽开襟斜领，窄袖紧身，胸围肩围以上多为平绣或深色布，图案有太阳花、菊花、荷花等，组合较为自由，下部分为蜡染，袖子图案由扇子花、大蝴蝶花等作团状组合。裙为百褶式，围腰为平头斜肩宽边绣花裙褶围裳，围腰是歪梳苗服饰中的重要装饰，它集中表现了歪梳苗妇女刺绣的工艺水平。鞋通常为船形绣花鞋，裹白绑腿，饰耳环、手镯及项圈等。头饰以毛发搓成细绳数百条结于彩色木梳上成假发束旋扭成股从右往上绾，盘成螺形垂髻后用梳子成型。小歪梳支系民族女装服饰特点为头饰少戴或不戴假发，多将真发自脑后往左上梳，而后绾成一束，自左耳经头顶盘至右耳后上部，用一把自制花木梳别住形成歪髻。服饰形制与大歪梳支系大同小异，装饰手法喜用盘绣挑花，胁衩深至腋下而多用深蓝等布做衬。领、襟边、胁衩边缘、前襟后片自摆沿起直到胸围与上部连接处、袖中部均施以盘绣，图案多为卷草折枝、万字格镶边等，花纹细碎，但立体感强，颜色以红黄白为主，间以绿蓝等。袖口部分与袖笼连接处用红黄绿黑四色条布镶接。裙为褶裥式，长抵脚踝，用两丈长自织布做成。裙分老式和新式两种，老式裙全为蜡染，以点、直线、几何纹、云纹、二方连续涡纹为主要装饰图案，裙尾施挑花；新式裙少用或不用蜡染，上部以花布编织或蜡染，中部为挑花，纹样以几何形居多，下部为青色或黑色。围腰为长方形，分前后两裳。前围裳质地为自织粗绒布，深蓝色，上施四条挑花和两块盘绣，色调图案与衣相同；后围裳质地同前围裳，前后围裳均系于衣内。

小花苗支系服饰

小花苗主要居住在水城南开、干河、青林、夹岩、钟山区凉水镇等地。因其族人不分男女老幼皆着一花纹繁复、色彩艳丽的披肩（俗称"花背"）而得名。小花苗服饰分便装和客装两种。便装为生活装，客装为盛装。

客装外套穿以挑花为主的五彩花背，若参加重大仪式场合的吹笙跳舞者，则另戴锦鸡尾羽等做成的"英雄冠"。女装着蜡染百褶裙，上绘固定的山川田土纹，以自制蓝靛染色，上接蓝布一幅，并连接白色裙头而成（俗称"三截裙"），为未婚妇女所穿；已婚女子则在蜡染裙幅下另接三至七寸宽青布一幅。未婚女子以红毛线掺发挽髻，已婚妇女则以长发拧股呈螺旋状圆锥形顺时针盘结于顶。客装则披五彩花背外衣，着横条宽袖交襟式内衣，穿前高后低弧线边低筒状毡袜。未婚女子则多加以红黄为主的五彩毛线挽大髻高盘于头顶，常插刺猬毛攒珠络作饰；已婚女子则去彩线另掺假发或黑毛线作圈状盘结。花背、裙以穿多层为荣。花背是小花苗服饰艺术的集中体现物，有较为固定的结构形式，由主花、副花和镶边三部分组成。图案有山川、田土、星宿、虎脚、鸡爪等数十种，男女老少通用。花背所缀的外衣系用两幅各宽一尺许的白麻布对折缝合，后背连成一块，前襟对分两片，有领无袖，无扣叉襟，着装时另束腰带，前襟后幅均现于外，形成了特有的无袖披肩式。

小花苗又有"上方花苗"与"下方花苗"之分。"上方花苗"多住在水城金盆乡西北一带海拔较高的地区，祖上以狩猎为主，其服饰特点为花背较为窄小，衣袖较窄，女裙束腰高，下摆短。服饰图案承传稳定，种类少，变化也较少。"下方花苗"多住在水城南开东南一带海拔较低的地区，祖上以农耕为主，其花背衣裤都较为宽大。女裙束腰低，下摆长。服饰图案种类多，变化也大，工艺手法也较为细腻繁复。不论便装客装，女多佩以海蚆或银铜为饰的耳环，以及玉石、银铜为质的手镯。男子多配铜质项圈。小花苗服饰传承久远，图案较为固定，具有一定的历史纪念及象征意义。

大花苗支系服饰

大花苗主要分布在水城罗盘、肖坪、茨冲及与六枝相邻的部分地区，以男女均饰红、黑、白三色毛麻混编机织大花背而被称为"大花苗"。大花苗服饰男装为白麻布短衣长裤，大花披肩齐胸，包肩盖背于白麻布外衣上。外衣为无袖无扣对开襟式，后幅及前襟等长过膝。着装时束以腰带。披肩形大且厚，图案大气粗犷。后背另缀接一块正方形绣花饰片，四周用彩布镶饰，俗称"背牌"。"背牌"下垂三至七条串珠璎珞，间以铜钱、海蚆等作饰，长及披肩外衣后裾底沿，白色长帕裹头。女装上着白麻布无领对襟短衣，外覆大花背牌璎珞披肩，束白底蓝横纹蜡染中褶裙，褶舒展短浅，腰至臀部开纵褶，裙脚饰以锯齿形连山状大花图纹。头饰分盘髻和不盘髻两种，已婚妇女多掺假发盘圆髻或用真发挽梳子盘于头顶前方，未婚妇女多中分梳辫绾结。部分地区支系中披肩较小或另在两肩另接缀花袖臂。大花苗部分男女亦戴耳环、手镯、项圈等。

盘县花苗支系服饰

盘县花苗主要居住在盘县马场滑石板一带，因其上装全部是以蜡染、挑花、织锦拼镶而成的花衣和花腰带而被称为"花苗"。男性平时穿汉装，节日着装与青年妇女装束相同。腰系白底或黑底绣花彩带，头裹黑色盘状包头。女性服饰分年轻式和老年式两种。年轻式头饰掺黑色羊毛假发盘髻，假发重达三斤余。发型主要为蚌式高髻和螺式高髻两种。上衣交领对襟，紧身窄袖，领和襟边沿由一条织锦做成。左右襟摆下各接一幅长垂于地的蜡染，后块抵臂。胁衩腋下，着装时左襟抄于右襟之外，成右衽交领式。整件上衣由领、袖、背片、前襟、摆和后片共9块拼缝而成。各块连接处均饰以红黄白三色为主的织锦带条，并用织锦带条将衣袖分成不同的大方块，方块中填以蜡染、挑花或织锦块状图案。图案为直线性花纹四方连接组合。裙为褶裥式。前系黑色围腰，围腰上端边缘施以几何形挑花，下沿饰窄花边，长与裙齐。后系带裙，由6条彩色挑花图案构成，腰带两头全为挑花，并在带端饰以璎珞流苏，系时垂于裙外，俗称"飘带"。老年式上衣与年轻式大体相同，唯后片长于前襟过膝弯，前襟到脐，不接摆，整件衣服由7块拼缝而成。装饰手法与所用图案与年轻式相同，唯少饰挑花，多用蜡染，用冷色多于暖色，不似年轻式跳跃。裙与围腰、飘带与年轻式相同，无后带裙。头饰不掺假发，以青布包头。

箐苗支系服饰

箐苗主要分布在六枝梭戛、新华与织金交界的部分村寨。

因其居住地多为深山老林的"黑洋大箐"（即大森林），故称"箐苗"。箐苗所穿服饰大体相同，根据头饰的不同又分为"长角箐苗"和"短角箐苗"两个支系，简称"长角苗"及"短角苗"。长角苗头饰特点是男女头上均戴一长约二尺的木角，再在长木角上盘上长发，形成巨大的头髻。男性呈橄榄状，女性呈"∞"形。现男子多已改为包青布长帕，而女子仍然保持这一古老的特色头饰。女子盘头髻较为复杂，需要别人帮助，具体盘法是先把木角用自己的头发盘挽固定在脑后，角弯向上，角尖翘出。再用重约5至10斤，长约8尺的麻和头发制成的假发绳来回交叉绾上，再用毛线成束从脑后至前额旋至头顶交叉，分结于两角尖装饰固定。形成两边发髻下垂于耳下两肩上方，中间发髻上凸于顶的发型。这种头饰一般在节日、定亲、赶集或婚丧集会时带，需两三个小时才能装扮好，平时只戴木角，不挽假发。

　　女装上衣为对襟交领窄袖平摆燕尾式。前襟齐腹，后片长至膝弯与裙齐。前襟后背两袖多为蜡染，分单染、双染和套色彩染三种。领部和后尾幅片（腰部以下）均为挑花，为整幅分段连续式横结装饰。图案花纹与蜡染相同，喜用以各类红色为主，间以黄、白、蓝、绿等色的装饰配色，色彩平稳。裙为褶裥式，上部5至7寸为蜡染，下部分8道饰以挑花连续性横结图案，宽不及一寸，黑底麻质（现多用青棉布）。裙长至小腿。着装时前戴黑色圆形羊毛毡挂兜围腰，可盛物，可暖手，挂兜围腰胸带上配系白布挑花手巾若干。颈戴铜质项圈，项圈前交结装饰物常用挑花白布圈套围护，一般不戴耳环。绑腿为羊毛毡制，穿翘头船形高腰皮底绣花鞋和绣花布凉鞋。平时则穿草鞋、胶鞋等。男装上底为对襟立领窄袖紧身式。白色盘花布扣，挑花衣袋，领及袖口饰花边。服底青色，长过胯。着满幅挑花平头长方形五彩围腰，底长到膝，下沿密垂两道短珠络为边饰，珠络之间间隔约两寸。围腰带宽约两寸，长丈余，亦挑花，着装时需交叉数道，排系于腰腹作装饰，并在头道腰带上挂白布挑花手帕若干。下装为白麻布短裙和裤裙。绑腿与女式同，穿头带钩挑花布帮皮底钉鞋或竹麻线耳草鞋。平时则穿青色麻布右衽搭襟长衫或对襟窄袖短上衣。戴项圈，着长裤，穿草鞋或一般胶鞋、布鞋、皮鞋等。

短角箐苗支系服饰

短角箐苗居住在六枝新场一带，全支系仅600余人。其头饰仅露角尖于掺假发挽成的圆盘式的髻中，角为红色，以黑色花纹为饰，故被人们称为"短角苗"或"红角苗"。短角苗除头饰和长角苗不同外，男女服饰及装饰手法、所用花纹图案等均相似于长角苗。衣服可满挑、满绣、挑花、蜡染，皆精美。

技艺独特的彝族服饰

彝族是六盘水市境内历史较为悠久且人口最多的少数民族，其传统服饰主要分为以北盘江以东的水城、六枝一带以黑蓝等深色为基调和北盘江以南盘县一带以白、浅蓝等色为基调两大类型。各类中又随居住地不同而有所差异。水城一带的彝族服饰随着朝代的更替也有变化。今天的彝族服饰，男性上衣样式为立领对襟窄袖平摆，右开短胁衩，饰结扣，长覆胯，色尚白。裤为深裆大裤，色黑或蓝，长恰过膝。盘青帕，喜着白麻布缝制前短后长的背肩"燕尾服"和披羊毛毡。出门普遍戴斗笠或打伞。女性服饰、传统服饰仍旧袭民初式样，上衣为立领直裾右衽窄袖紧身长袍式，饰布结扣，胁衩深尺许、大弧摆，衣长过膝，束长腰带。衣的领、裾、边、角环肩均镶饰宽幅彩布贴花，图案多为曲线形块面组成的方头、歪挑、石榴、卷草等，一般用色以黑蓝为底，尚黑白，间以红、黄等色。色调纹饰独具一格。裤为深裆大裤，裤脚长于衣，脚口边缘施以贴花或挑花作饰。盛装时还另着云肩，用大块云勾贴花按辐射形构成。并有串珠流苏绾联作饰，色主要为红、黄、绿三种。头帕多为黑色圆盘式，前部上翘，用挑花带交叉成"V"形装饰。鞋为尖头船形，鞋帮贴花。整套服饰黑白分明，以大红大绿作点缀，具有厚重浓艳的特色。

盘县一带彝族服饰不论男女，大都佩戴首饰，以银、铜制品居多。头上多裹或黑或白的盘状包头，女性包头内层多有"翁吉"（银制头饰品），耳饰"C"形耳环，环下多垂有耍须。传统服饰男装多为自制麻布对襟上衣，窄袖平摆，立领着扣，裤为宽腰深裆大裤脚，鞋为草鞋或绣花布鞋，亦有穿皮钉鞋者。女装上衣为立领宽摆右开襟长衣，多为白或浅蓝等淡色，衣长到膝，摆缘转角缀剪贴挑绣图案作饰，纹样以涡形云纹等为常见。衣边袖口等一般少饰或不饰花边，多用黑色或蓝色宽布边直接镶接。腰带双头前垂，带头饰挑绣花边。下着大裤脚布裤，腰系围腰，足穿倒钩鼻绣花布鞋。部分妇女穿长布裙，裙长于身，拖地数寸，足不外露。部分彝族支系盘头上覆以头帕，头帕边角以挑绣花纹作饰，前后饰珠络流苏。

彝族服饰

　　六枝一带彝族男子服饰多同汉装，传统彝装多体现在妇女身上。中寨、洒志、折溪等地彝族未婚女子扎独辫，缠白头巾。已婚后将发辫盘首，另加苎麻或棉线扎成一对辫子续盘于发辫外，前加弓勒裹青纱布绕额勒串带，留其两端垂后至臀部形成飘带，古称"盘头彝"。另有将辫绾成长髻于脑后，再用银箍簪插，以青布帕或白布帕裹首，盖头巾者。箐口一带妇女则将发辫盘成前高后低的"翘船头"，再缠以青色、白色头巾。衣为长衫右衽，立领着扣，托肩、襟沿、袖口、裾角均饰以彩布贴花或绣花。有的着装时拴布腰带，穿筒裤，结婚时拴长腰带、套镶花短褂，带钩耳环、耳坠、项圈、戒指、手镯等银饰，穿绣花边布鞋。劳动时穿麻织后摆略长于前襟的短褂，穿草鞋或布鞋等。

淡雅清新的布依族服饰

布依族人口在六盘水市境内少数民族中仅次于彝族和苗族。水城、六枝、盘县境内均有分布。随着各支系居住地的不同，其服饰、头饰亦不一样，主要有水城猴场、红岩一带的"五等装"，发耳一带的裤式装，花戛一带的摆裙装，以及盘县羊场一带的褶裙装等。

水城猴场、红岩一带的"喜鹊布依"服饰因其女青年平时多喜着白色上装套青色无袖外衣，黑白分明长短一致，形似喜鹊毛色故而有"喜鹊布依"之称。其衣着喜用青、蓝、黑、白布料，男子头缠六尺到八尺黑布，穿对襟或右衽开襟长袍，着长裤，系青腰带，穿满帮银钩花云头鞋或布帮皮底象鼻鞋。女装则保留着传统礼仪的古老特色，有特等装、一等装、二等装、三等装、四等装五类分法。特等装在丧葬祭祀场合迎宾时穿戴。一等装为姑娘出嫁时穿戴，头饰等与特等装相同。上衣用自织自染的紫金色细布制作，一套八件，黑白叠衬、逐层缩短。长裙用八幅紫金色布料制作，裙脚用红黑丝线混织浮萍织锦。后裙、围腰等装束与特等装相同，脚穿粉底满帮花统子弯勾夹尖鞋。二等装为走亲串友、吃酒场中穿戴。头上不插银花，而饰以红珠。衣为一套四件、彩布缀边绣花，外套为自织自染紫黑色紧身布褂，大领花边绣白果花或竹节花等。长裙脚用红黑棉线浮萍织锦，后裙全为紫黑色。围腰用一般黑色布料挑绣。脚穿飞蛾头绣花半统粉底夹尖鞋，所戴手镯、戒指数量不限。三等装又叫青年装，为最常见的会客装，多在赶表或走亲串友时穿戴。其特点为白布对开衩襟大领窄袖短上衣，衣襟盖脐，一套四件。袖口三寸左右用素色花布贴边，上接五寸左右紫黑色自染青布。浅色布镶领，外罩紫黑色对开衩襟大领无袖短褂，领口挑绣稻穗花纹镶饰。裙、围腰跟二等装差不多。围腰上仍系一根折得方方正正的带子，脚穿粉底蝴蝶花统子夹尖鞋。左手戴牙骨或银质手镯，数量不限，颈带螺旋形银项圈。四等装又称"当家衣"，平常在家或做活时穿，一般为发髻顶黑帕，穿对开衩襟大领黑上衣，穿一般长裙，系满口围腰或半截围腰，后裙褶裥，中老年妇女穿飞蛾头夹尖脚鞋，青年妇女多穿布耳鞋。银饰只带竹节耳环，以及一两对牙骨手镯。边饰花边等较为随便。现多改裙为裤，拴短围腰。

水城发耳一带布依族服饰男装头裹青布帕，着立领对襟多排布扣短衫和右衽开襟长衫，拴黑腰带，和汉装相近。女包头帕，用自制编织物做成，盘头，头发自脑后梳成一束拉出头帕外，垂于脑后。上衣多以绿、蓝为地，低交领，窄袖右衽，胁衩深盈尺，下摆略成弧形，衣长过膝。领、襟边、袖口及摆边角皆饰挑花图案，着装时外套深"V"形领背心，领低至胸窝，以挑花饰边，长与衣齐。腰束方形围裳，颜色多与衣同，少饰或不饰挑花、刺绣。着深裆宽脚大裤，长抵踝。鞋为船形，鞋帮平绣。传统服装中穿长裙和扇状后裙，其背心形制与明代比较相似，花边宽大瑰丽。

六枝落别一带布依族服饰男装与其他地方相同，多裹盘头长帕，对襟短衣，束青布腰带等。女装未婚者头上戴花帕，上衣为交领大襟镶花蜡染袄，两襟及衣边均镶织锦或蜡染图案。领口和肩上为方形印章花图案作饰。下着蜡染长裙，裙头为蜡染印花和太阳花，其他部分则布满星星花。腰系方形蝴蝶锦镶边青、蓝布围腰，长约三尺。围腰上端系两根三尺长绸料飘带和一块花布手帕，脚穿翘头绣花粉底鞋。已婚妇女头上改带"假壳"，"假壳"由箨及布壳制成，状如撮箕，长约四寸，前圆后短，翘于脑后，外用青布缠裹，上系盖花帕，长帕由湖蓝色和青蓝色两种布料各一段接成波浪形，两端及中间都是彩色挑花，前一段称"万私"，挑牛、羊、龙、凤等图案，后一段称"答令"，挑太阳、海水等图案。

盘县羊场一带布依族服饰男服不分老幼，一律为立领对襟窄上衣，长覆胯，平摆有胁衩，裤为抄腰大裆式，长到脚踝以上。衣裤均为青色。女服上衣为交领右衽窄袖紧身，短衩平摆，长恰过胯。领、襟边摆脚均用红黄绿三色布镶边，并在中间嵌一条挑花彩带。袖口部分饰以几何纹挑花彩条，整个上衣大部呈青色。裙为褶裥式长裙，长及踝，上部色与衣同，下部为青色、棕红色织锦、围裳圆头，头部饰宽约三寸平绣作饰，图案以大朵牡丹为主，两边衬以折枝花朵。围裳底为青色，系挑花带。着装时裙于内，衣于外，再系围裳。鞋为船形白纳布底绣花鹰嘴鞋。戴双环式银耳坠,上环空心下吊环实心,外圈圆泡密布。银项圈由四个内旋涡纹按"S"形组成,戴镂花云勾纹银手镯。

7 粗犷古拙的水城农民画

六盘水水城农民画是在传统民间艺术基础上产生和发展起来的新型造型艺术,属现代民间绘画的新画种。它以多变的线条组合和强烈的大色块对比营造出变化统一的独特意韵,于粗犷古拙中见奇巧、简明轻快中透含蓄,具有浓郁的民族特色和地域特点,其题材多为云贵高原上居住民族原始古朴的民风民俗、农耕时代的生产生活、美丽的自然风物、节庆游乐等,内容自然淳厚,形式绚烂活泼,具有深厚的文化内涵和强烈的艺术感染力,一直为中外各界人士所喜爱。六盘水水城农民画的绘画作者大多是各民族中的刺绣、蜡染、剪纸、雕刻能手,他们把自身掌握的民间艺术技艺用于绘画中,画出了一个个美妙、奇异的艺术世界。

水城农民画多次获中国各级政府奖,曾有20余幅作品被中国民间美术博物馆和国家有关部门收藏,许多作品远销世界各国。1998年,水城县被文化部社会文化局命名为"中国现代民间绘画画乡"。最具代表性的作品《六月番茄红》《月圆的时候》《拜花树》《摘刺梨》等一幅幅原始、古拙、神奇、大胆的绘画作品,将人们带进天人合一的艺术境界。

捉虎（作者：董成）

8 如火如荼的三线文化

"三线建设"是中国西部开发史上一部气吞山河的史诗，是一曲改天换地慷慨激昂的宏伟交响乐，对中国西部，对整个中国社会都产生了极其深刻而久远的影响。六盘水市是中国20世纪60年代"三线建设"西南地区的主战场,是"三线建设"滚滚浪潮中产生和发展起来的一座新兴的工业城市。

1964年7月,根据中共中央工作会议精神和毛泽东主席关于"三线建设"的指示精神,中共中央西南局在西昌召开了三线建设规划会议,决定在贵州西部煤炭资源富集的六枝(时属安顺地区)、盘县(时属兴义地区)、水城(时属毕节地区),建立煤炭工业基地作为"三线建设"的重点配套项目。1965年1月1日,西南煤矿建设指挥部在六枝正式成立。随即,国家在相当短的时间内调动了十多万"三线建设"大军,从天南地北迅速汇集到六盘水,揭开了"三线建设"的序幕。1968年4月18日,贵州省革命委员会批准成立六盘水地区革命委员会。至此,三个区域整合,一个全新的,名叫"六盘水地区"的地级行政区域得以诞生。

"三线建设"时期,六盘水这片沉睡于乌蒙山腹地的处女地第一次迎来了大规模的开发建设机遇。这是一段拓荒的岁月,也是一段难忘的激情燃烧的岁月。支援"三线建设"的各路大军,依依惜别故土,挥泪告别亲人,举厂、举家南迁,向着仍是不毛之地的六盘水挥旗迈进。公路不通,他们举起长镐,挥动大锤,开山凿石,让公路从云间、从山间延伸到了六盘水。没有铁路,他们肩挑背扛,挖土填石,炸山掘洞,让铁路通到了山寨苗乡。铁路修通,源源不断的物资、工业建设器械、各类机器设备、建筑用材纷纷运抵六盘水。

电厂上马、煤矿选址、厂房开工、机器轰鸣。六盘水，一座火车拉来的城市，在贵州西部的大山深处，横空出世。"三线建设"时期，十万大军挺进六盘水，参与六盘水的经济、社会建设，他们的到来为六盘水市带来了丰富的外来文化，使六盘水市的各类文化表现形式丰富多彩、异彩纷呈，汉族的威风锣鼓、踩高跷、扭秧歌、跑旱船得以在当地推广展示，文学创作较为活跃，文艺人才队伍得到空前的充实和壮大。各落地开工建设的厂矿、企业常组织开展丰富的文艺活动，如电影放映、歌舞表演等，成为"三线建设"时期六盘水市境群众重要的文化活动。

随着建设的不断推进，六盘水当地市民的审美观、价值观、消费观等发生了不同程度的改变。迁入市境定居的外来人员的服饰打扮、饮食、起居、风俗等对当地百姓的生活起到了不同程度的影响，如北京的松紧布鞋，上海的皮鞋、网球鞋，上海的化纤料衬衣、尼龙袜等，逐渐成为不少喜爱时尚的市民追求的物品，甚至外来青年结婚流行置备的家具等也为当地许多新婚家庭仿效添置。

"三线建设"为六盘水建市打下了坚实的基础，也留下了宝贵的文化遗产和"不怕困难、艰苦创业、无私奉献"的三线精神。历经30余年的发展，六盘水进入了国家大型煤炭基地规划版图，成为贵州省"西电东送"的主战场，六盘水在全国和全省经济布局中占有越来越重要的地位。三线精神在六盘水代代相传，如今的三线二代、三线三代人继续在为六盘水的科学发展、跨越发展、同步小康而努力奋斗。

六　特色景观

1 古老神秘的牂牁江

北盘江六枝段又名牂牁江，属珠江水系，发源于云南省曲靖市沾益县炎方乡马雄山，在云南境内称革香河，在盘县境内与拖长江汇合，称清水河，流向东北，至水城都格与可渡河相汇，转向南流，始称北盘江，为六盘水境内最大的河流。至毛口一带流出本区，流经水城县和六枝特区，全长100余公里。河源至都格为上游，毛口为中、下游的分界。上游流经滇东喀斯特高原；中游落差大，滩多流急，河床切割深，以峡谷为主，间有小型河谷盆地或宽谷，如都格、毛口、盘江等地，由于喀斯特地貌特点，两岸常见峰丛洼地、峰丛谷地、深竖井、落水洞、漏斗，沿河常有暗河、伏流汇入；下游主要流经砂岩、页岩低山、丘陵区，坡降渐小，宽、窄峡谷交替，有舟楫之利，白层以下曾为古代水上货运通道，故《史记》记载：

"夜郎者,临牂牁江,江广百余步,足以行船。"

牂牁江流域旅游资源极其丰富,主要景点有北盘江大峡谷、野钟黑叶猴自然保护区、毛口天险、仙人峰、御夫守印、万仞赤壁、飞天图腾、花雨岩巷、凉风峡谷、牂牁湖、老王山、月亮洞、夜郎王子坟等数十处,牂牁江1995年被批准为贵州省省级风景名胜区,2005年被国土资源部批准为乌蒙山国家地质公园北盘江大峡谷园区,2013年入选"贵州省100个旅游景区"之牂牁江湖滨旅游度假区。

牂牁江畔有一座神秘的老王山,古称老郎山,海拔在1700米以上,最高峰2127米,峰丛逶迤连绵,山上常年披绿。郎岱司马喻怀信题"岩疆锁钥"于打铁寨绝壁,从此打铁关成为黔中名胜,有"铁钥雄关"金汤固之称,老王山也因此成为雄、奇、险、峻的象征。如今,老王山优越的地形条件被国家体育总局相中,正在建设老王山国家(贵州)多梯度聚合性体育训练基地。再过一段时间到老王山,不仅可以攀月亮洞、爬九层山、游牂牁湖、听夜郎神秘往事,还可睹体育赛事之盛。

六枝牂牁江

2 巍峨壮丽的乌蒙山国家地质公园

乌蒙山国家地质公园于 2005 年 9 月获国土资源部批准设立，面积 388 平方公里，主要包括北盘江峡谷和碧云洞溶洞群两个园区。北盘江峡谷园区由水城峰林、凉都园林游览区、北盘江峡谷、野钟黑叶猴自然保护区、发耳旋转构造台地、坡上草原、玉舍国家森林公园、六车河峡谷、格所河峡谷等景区组成。碧云洞溶洞群园区由丹霞山、碧云洞、盘县古城、盘县大洞古人类遗址、盘县三叠纪古生物化石群落、金盆天生桥、韭菜坪、阿勒河等景区组成。

韭菜坪景区因夏季山上草丛中长出大量野韭菜而得名。主峰海拔 2900.6 米，是乌蒙山的最高峰，也是贵州省的最高点，有"贵州屋脊"之称。登临主峰，极目远眺，乌蒙千里，浩浩荡荡，云山雾海，峰峦叠嶂，气势磅礴，蔚为壮观。山上有典型的高山寒冷低矮灌木植物群落，灌丛之间，常嵌以大片缓

贵州屋脊——钟山区大湾韭菜坪

坡草地，绿草如茵，彝族人经常到此放牧，呈现出一幅原始古朴的田园牧歌画卷。山顶石炭纪灰岩在大气降水溶蚀作用的影响下，形成了大片连续、形态各异的石林、石芽景观，岩石上可见大量海生贝壳、珊瑚和海百合类化石。

白雨洞为世界罕见的垂直竖井，深达 560 米，居世界第一。从井口到底部下垂深度为 424 米，井筒垂直，是世界上可以"坐井观天"的最深竖井。

金盘天生桥桥洞高 135 米，是目前世界最高的可行驶汽车的公路天生桥，桥面宽 35 米，横顶厚度 15 米，桥基跨度 50～60 米，是河道洞穴坍塌后残留的洞段，原称"天仙桥"，亦有"天下第一桥"的美誉，为境内多处天生桥之最。附近区域内多洞穴、伏流及喀斯特峡谷，谷底怪石嶙峋，树木葱绿，溪水潺潺。

丹霞山海拔 1888 米，从外形上看像一座圆锥状的山峰拔地而起，气势雄伟。据传汉时有霞气在上空作鸾鹤形，因此称为丹霞山，被徐霞客描述为"峭枝擅秀""形如天柱"，有"丹霞景色秀，霞客三日游"的记载。在山巅建有护国寺，因得光绪皇帝圣谕，赐《藏经》5048 卷和銮驾、玉印等皇家珍宝而名盛一时。徐霞客三上丹霞山，与不昧大师秉烛夜谈，品尝地方特色风味。"三月三"庙会时，成千上万的游人，扶老携幼来到这里，登观日楼，仅为一睹"头上去天真不远，眼前得地自然宽"的壮丽奇观。

妥乐被誉为"世界古银杏之乡"。妥乐是全国古银杏株树最多、最为集中的地方之一，也是世界上古银杏生长密度最高、保存最好的地方。这里流水潺潺，古树绵绵，小桥映虹，奇峰傍寺。千百年来，古银杏、古驿道、古民居和清澈见底的小溪，构成了"枯藤老树昏鸦，小桥流水人家，古道西风瘦马"的优美画卷。

古银杏之乡——妥乐

坡上草原平均海拔2500米，景区有10万亩草场、4万亩矮杜鹃林，有美丽的高山湖泊——长海子，有清澈见底、涓涓而流的各毛沟河溪，由"一跤滚两省"的清水河天生桥峡谷，有"桃花源记"般的崖角彝族古村寨，有罕见的佛光奇观，有场面壮观的风力发电厂，有"风吹草低见牛羊"的美景。独特的山峦奇峰、天然湖泊、神秘的佛光映现、莽莽苍苍的冬季雪景和春夏交替时的碧草如茵，构成了贵州独一无二的高原山丘草原景观。

3 绚丽多彩的明湖国家湿地公园

明湖国家湿地公园位于六盘水中心城区西郊，有着"凉都生态会客厅"的美誉。公园面积197.7公顷，由龙贵地水库、窑上水库、水城河源头段、明湖湿地及明湖小三峡（俗称"一线天"）五个湿地群组成。2012年国家林业局批准开展国家湿地公园试点工作，同年获水利部批准为国家水利风景名胜区。

公园内动植物种类繁多，有微管植物98科209属259种，野生脊椎动物151种，其中有国家二级保护动物贵州疣螈、白腹锦鸡、普通鵟、红隼等11种。园内有一座蜿蜒的异型飘带钢构桥，因其形色酷似彩虹，故名"彩虹桥"。有一长3公里的峡谷，称"明湖小三峡"，由"空谷传音峡""一水解石峡"和"三层楼板峡"组成。此峡谷因山高谷深，谷体狭窄，又名"一线天"，两岸悬崖绝壁，浓荫密蔽，一水中流，顺势腾落。公园四周峰峦叠嶂，景色秀美，山与水交相辉映，桥与道错落有致，遍地鲜花、草地、绿树和翠叶，共同交织出一幅湖光山色的美丽画卷。

4 舒爽怡情的凉都国际休闲城

六盘水是一座非常适宜休闲度假的城市。这里冬暖夏凉，气候宜人，年平均气温13℃~14℃，7月平均气温19.8℃~22.0℃，夏季具有"凉爽、舒适、滋润、清新、紫外辐射适中"的特点，2005年8月被中国气象学会授予"中国凉都"的称号。

六盘水中心城区不仅气候舒爽，而且景色迷人。这里是山的海洋,是天然园林的世界。上百座峰丛交错散落于城市之间,有巍峨矗立的梅花山,有横卧腹地的麒麟山,有上下对坐的钟山,有造型独特的笔架山、马鞍山、凤凰山等,每一座山峰各自成景,各显灵气和秀美。山与城相依、景与城互动,造就了颇多的景点,有著名的明湖、天生湖、明硐湖、凤池、鹤池、窑池这"三湖三池"湿地群景观("六盘水"新注解),有麒麟公园、凉都森林公园、白鹤公园、以朵公园、动物园、贵州三线建设博物馆、首钢水钢全国工业旅游示范点、荷城古城及十余座休闲广场,城郊有玉舍国家森林公园、百车河生态旅游度假区、南开省级风景名胜区、阿勒河峡谷等景区。踏上这片土地,放目皆是色,"吃、住、行、游、购、娱"应有尽有,可谓"食有特色、住有选择、行之方便、游之尽兴、娱之快乐、购之丰富",是"火炉城市"的后花园,常常吸引大量的游客到此消夏避暑、休闲度假和观光旅游。

5 山地运动休闲的野玉海国际旅游度假区

野玉海国际山地旅游度假区总面积 67.77 平方公里,景区海拔在 1000~2600 米,由玉舍国家森林公园、海坪彝族风情小镇和野鸡坪景区组成。

玉舍国家森林公园面积 50134 亩,森林覆盖率达 90% 以上。有光叶珙桐、十齿花、西康玉兰等国家珍稀濒危植物,有红腹锦鸡、小灵猫等国家级保护动物。公园以森林及溪水景观为主要特征,具有"林茂、山青、水秀、物丰、树美、石奇、峡险、情浓"等特点,一年四季美景不同。春天,满山杜鹃怒放,形成一片花海;夏日,听林间松涛阵阵,登高观百里云海;秋天,览红叶满山,令人赏心悦目;隆冬,玉树琼枝,赏江南北国风光。

海坪是彝族文化的朝圣地,至今仍保留着最古朴、最浓烈、最独特的彝族文化传统,有火把广场、彝风堂、祭火台等彝族文化景观。火把节是这里彝族同胞的传统祭祀节日,每年农历六月二十四或二十五,成千上万的彝族人手持火把在此尽情地舞蹈,尽情地狂欢,在火的海洋中欢度自己民族古老的节日。

野鸡坪主要以草场林地、湿地花海和山地户外运动景观为特色,开发建设了九霄云外山地运动主题公园,举办有山地自行车、越野汽车、越野摩托车、露营、房车集结、打靶、攀岩、猎奇等赛事,是人们向往的消夏避暑、休闲度假、亚高原户外运动的天堂。

6 六枝郎岱

郎岱位于六枝特区西南部,距六枝城47公里。郎岱镇地处喀斯特地貌溶丘谷,地势开阔平坦,被称为"郎岱坝子"。城周石山林立,地势险要,自古为滇黔通道。

郎岱明代为平陇氏土司"郎岱长官司"地,清设郎岱厅,始筑石城。民国设太平镇、东平镇。新中国成立后改为郎岱镇。古城风貌和空间格局保存基本完整，主要街道呈东西走向，有东街、西街、后街、平街、书院街、驿马街、石灰街、前营、后营9条街。民居建筑多为晚晴时期的四合院式砖木结构。保护较完整的街道为东大街（现名朝阳街），街道宽阔。郎岱城先后建有规模较大的庙阁楼塔18座（处），保存完好的尚有观音阁、打铁关驿道遗址等，它们成为郎岱镇的历史标记。古城中的古城墙、民居、周家大院、包家宅、观音阁、文峰塔及文笔塔等建筑具有较高的历史价值、科学价值和艺术价值，其双坡重檐、二架招梁、缕空柱础、木石精雕为贵州省少见，高低起伏的重檐封火墙、双坡青瓦屋面、青砖粉墙及渐进的小天井和后花园更使古城引人入胜。

郎岱有著名的八景：东山朝霞、南岳飞仙、西陵晚渡、北驿文峰、云盘古树、月朗平桥、岩疆锁钥、陇箐连云，这些古刹、官渡、字刻、清泉、奇峰等人文景观与自然风景融为一体，交相辉映。

郎岱城址

郎岱城址位于六枝特区郎岱镇后营村，距镇政府100米，始建于清雍正年间。原城墙周长2098.8米、高4.29米，设"近曰""迎爽""未薰""承恩"四门，有炮台一座。新中国成立初期尚保存完好，后陆续拆毁，现仅存一段约100米长的残缺城垣，对研究郎岱古镇具有很高的历史价值。

观音阁

郎岱观音阁位于六枝特区郎岱镇驿陇村西街，又名大佛寺，始建于雍正二年（1724），民国7年（1918）被毁重建，

六 特色景观　　117

郎岱城址城墙

大佛寺

1981年重修并更名为大佛寺,增建护法亭、乐善亭。占地面积 2000 平方米,是郎岱重要的宗教场所之一。

文峰塔

文峰塔位于六枝特区郎岱镇青菜塘村。建于清光绪四年(1878),坐北朝南,占地 70 平方米,通高 22 米,为六角七层楼阁式石塔。塔身平面为正六边形,其上逐层递减;塔刹为六角尖顶,顶现已出现裂缝。塔南面底层横向楷书阴刻"文峰塔"三字,塔的第三层阴刻八卦图。

文峰塔

打铁关驿道遗址

该遗址位于六枝特区郎岱镇打铁关。清雍正六年(1728),

云贵总督鄂尔泰倡修,为郎岱通往云南的要道,均由石灰石板铺就。打铁关海拔1600多米,出关即临北盘江河谷的毛口盆地,盆地海拔600米。驿道蜿蜒而下,直达毛口渡口。

打铁关驿道遗址(局部)

新中国成立前驿道直达普安县城,后因修郎岱至毛口的公路、毛口至普安的公路,大部分驿道被拆毁。现存打铁关至毛口方向残长20公里的一段。在打铁寨后崖壁上,有同治十二年（1873）郎岱厅司马喻怀信所题"岩疆锁钥"摩崖一方，摩崖横向楷书阴刻，为郎岱八景之一，摩崖保存完好。

周家大院

周家大院位于六枝特区郎岱镇驿陇村西街。大院主人名叫周达山，院落由请自四川的工匠于清光绪三十一年（1905）修建，坐北朝南，由正房、厢房、封火墙组成。在"三反""五反"运动时期是看守所，后成为郎岱武装部、兵役局以及洒志龙场转运站。该院正房于20世纪60年代毁于火灾，现存前房、左厢房、天井。前房三开间，天井为石料铺设，面积60平方米。该大院是六枝境内保存较完好的建筑之一，建筑工艺、建筑风格都具有较高的价值。

周家大院正房

包家宅

包家宅位于六枝特区郎岱镇木城社区石灰街，建于1908年，坐东朝西，悬山顶，木石结构建筑，正房三开间，占地面积300平方米。新中国成立初期曾用作供销社、小公社医院，是郎岱重要的代表性建筑之一，对研究郎岱古镇民居建筑具有较高的历史价值。

包家宅正房

岩疆锁钥摩崖

岩疆锁钥摩崖位于六枝特区郎岱镇上寨村打铁寨公路旁的半山上。清同治十年（1871），郎岱厅司马喻怀信于打铁寨后绝壁上，东横向楷书阴刻"岩疆锁钥"四字，阴刻字体优美，具有很高的艺术价值。

岩疆锁钥摩崖近景

7 六枝岩脚

岩脚镇位于六枝特区西北部,距特区政府驻地 23 公里,离六盘水市政府所在地钟山区 115 公里。地处谷地,坐落在六枝特区中部偏北的三岔河支流岩脚河畔。

岩脚古镇始建于明洪武年间,迄今已有 600 多年的历史,曾是连接川、滇、黔三省的古驿站,素有"小荆州"之称。岩脚镇自清代逐渐形成商贸古镇,时称"羊场"。清雍正七年(1729),云贵总督鄂尔泰将原黔滇驿道自安庄驿(今属镇宁)至湘满驿(今盘县境)间一段,从镇宁州属黄果树改道经郎岱厅毛口渡北盘江至盘州厅蒿子卡与旧路相接,羊场因处于安顺到水城、郎岱到大兔场（今纳雍）及平远（今织金）的古道交会点，遂成为繁华的商埠。在羊场集散的物资以盐、丝绸、布匹、烟土和日杂用品为主，其中盐、丝绸、烟土数量最大，盐号多达七八家，其中"永昌号"最为著名，马店十余家。著名实业家龙幼安在贵州首开烟土种植和销售的先河，烟土销售的利润每年多达数十万银元。镇内主街道东西走向，有和平街、新华街等三条主要街道，田家大院街道两旁店铺林立，比较知名的有永昌盐号、龚家药铺、唐家马店、江西会馆（田家大院）等。镇南端为著名实业家龙幼安的住宅和办公场所。今存的三和桥是镇内所有居民及往来客商的重要通道。

岩脚镇地处交通要道，历史上开发较早、商贸发达、民风淳朴，至今仍保留着古镇格局，是贵州重要的古镇文化旅游景点之一。

三和桥

位于六枝特区的岩脚镇，距镇政府约3公里，始建年代不详。《安顺府志》载："岩脚河桥，在明让里，距城九十里。"清道光二十五年（1845）重修，时称"太平桥"。现存桥梁为清光绪三十二年（1906）所建，由三户田姓为主修建，故名"三和桥"。桥横跨岩脚河，南北向，为三孔石拱桥。三和桥现成为岩脚下节街居民农业生产重要通道。

三和桥南面有一座高约40米，名曰"火焰山"的孤立山峰，在距地面高约15米的山崖壁上有摩崖一方，摩崖直行楷书阴刻"太和永治"四个大字，因多年风雨剥蚀，其字已模糊难辨。摩崖字迹苍劲有力，有较高的书法艺术价值。

永昌盐号旧址

永昌盐号建于清末，占地面积420平方米。临街面为一做工精细的石墙，正中开大门，门头上方镶有阴刻"永昌号"石匾。石墙后为木结构硬山顶穿斗式建筑，建筑有两层，顶层有一半高出石墙。正房、厢房均为三开间，高两层，二层前廊相接，形成回廊。正房、厢房和前屋屋顶互相连接。房屋前檐装修精细，窗花、隔扇雕饰精美，形式多样，图案丰富。

该建筑布局严谨，窗花、隔扇窗心、壁画等技艺精湛，具有浓郁的地方特色，院子有较为先进的排水系统。东西厢房走廊栏板有梅草和兰草、仙鹤以及书法等木刻，具有一定的艺术价值。

岩脚龚氏旧宅

岩脚龚氏旧宅位于六枝特区岩脚镇回龙溪社区，始建于清光绪年间，坐北朝南，木结构硬山顶建筑，由正房、厢房、门房组成，占地面积192平方米，整个建筑结构风格独特。木雕技法精湛，封火墙浮雕栩栩如生，有较高的文化和艺术价值，该宅是六枝乃至六盘水境内不多有的、保存较为完好的四合院式建筑。

岩脚龙氏旧宅

岩脚龙氏旧宅位于六枝特区岩脚镇镇政府前左侧，建筑风格仿效日本民居建筑，故又称"东洋楼"，系六盘水历史名人之一龙幼安旧宅。1972年，日本前首相田中角荣访华时，曾特意向周恩来总理打听过龙幼安的情况。

龙氏宅院建于民国年间。建筑沿中轴线对称布局，木结构穿斗式硬山顶，坐南朝北，前开朝门；由正房、左右两厢房、朝门组成一封闭式院落，占地面积约134平方米。

龙氏旧宅正面

田家大院

田家大院位于六枝特区岩脚镇太和村田家寨，处于省级风景名胜区回龙溪景区中，地理位置优越，环境优美。

田家大院始建于民国初年，为著名丝绸外贸商人田忠奎住宅和仓库。田家大院为穿斗式歇山顶建筑，由正房、磨坊、东厢房、门房、碉楼和封火墙组成，坐南朝北，占地面积560平方米。该建筑布局严谨，灰塑、木雕、壁画等技艺精湛，具有浓郁的地方建筑特色，有着较为先进的排水系统。门窗雕饰精美、图案丰富，前檐额枋一般为圆木，封火墙具有浓郁的徽派建筑风格。

夏氏合葬墓

夏氏合葬墓位于六枝特区岩脚镇高桥村杨家堡，建于道光十三年（1833），该墓为夫妻合葬墓，坐东北朝西南，占地面积25平方米。墓碑为牌坊式的三碑四柱，雕花精美，具有一定的艺术价值。

田家大院全景

夏氏合葬墓全景

8 盘县城关

盘县城关镇位于乌蒙山南麓，该镇地处两山之间的谷地中，小河将古城一分为二，周围山势雄奇，形成天然屏障。

城关镇自元初以来，即为政治、军事重镇，并在此设立驿站，城内有20多条街巷，其中人民中路、人民南路、人民北路、解放南路、解放北路为城内繁华之区。盘县城关在贵州今存的明代城池中，是唯一的一座建筑存量最多、城垣遗存最长、城市空间格局依然保存的城池。现存古迹遗存众多，特别是独具特色的明清古建筑群——普安州古建筑群，设计考究，独具匠心，反映了古人对自然环境、人文环境有较深刻的认识和把握，反映了明清时期普安辉煌的历史，对研究贵州明清的城池发展和历史文化有着较高的价值。盘县城关建筑组群合理，单体建筑工艺精湛，有深层次的文化内涵。这样的城池遗存，在今天我国的西南诸省也为数不多。建筑群包括：普安卫城墙及北门楼、普安州文庙、城隍庙、武笔塔、范家公馆、张道藩故居等。另外还有反映红色文化的红二、红六军团总指挥部旧址和反映当地历史文化、民俗风情的碧云洞及其摩崖群等遗迹。

盘县城关是贵州省人民政府公布的第二批历史文化名镇之一。自古以来，城关镇一直为贵州西部政治、经济、文化中心，位于古代通京驿道（又名滇黔驿道）从云南进入贵州的第一站。

普安州文庙

普安州文庙位于盘县城关镇人民北路营盘山东麓，总占地面积4000余平方米，始建于明永乐十五年（1417），坐西朝东，现存大成门、大成殿、配殿及部分甬墙。

普安州文庙是中国南方现存唯一一座按明代皇家标准颁布修建的文庙。主要建筑物沿中轴线自下而上依次为：礼仪二门、泮池及池上状元桥、棂星门及左右的忠义祠和节孝祠、大成门、大成殿及其两配殿，最后为启圣宫。大成门为悬山顶抬梁式，前带双步廊，明间为过厅，其外檐斗拱的柱头铺作和补间铺作，均为单抄双下昂六铺作计心造，斗拱的布置和昂的作用承袭元代风格。大成殿为歇山顶建筑抬梁式九架梁，"拉升起"工艺明显。所有额枋、雀替、梁、月梁和柱头上部都施以彩绘。

普安州文庙大成殿正殿

城隍庙

城隍庙位于盘县城关镇西书院山麓李子林，始建于明永乐十五年（1417）。清乾隆、嘉庆、同治、光绪年间屡毁屡建。城隍庙坐南朝北，中轴对称。按中轴线自下而上，依次分布着前殿、正殿及其左右配殿、后殿。后殿紧贴正殿，两者仅一沟之隔，整体构成一个封闭式四合院，总占地面积1500平方米。

城隍庙现存戏楼、正殿和两厢等建筑，占地面积1000余平方米。正殿面阔七间，进深三间，抬梁式硬山青瓦顶，前带双步廊。外檐装修六合隔扇门，花芯为方字格。三至九架梁之驼峰浮雕卷草或云纹。外廊装鹤颈椽，额枋、雀替、垂瓜柱头等均为透雕。

城隍庙正面

普安州卫城垣及北门城古楼

普安州卫城垣及北门城古楼位于盘县城关镇北门社区北

面，始建于明洪武二十二年（1389），洪武二十五年（1392）指挥使王威等始筑土城垣，用石包砌。设东雍熙、南广居、西崇仁、北镇远四座石拱城门。现存北门（又称镇远楼）、古楼及东西向石城一段，总长1100余米。

普安州卫城垣及北门城古楼全景

古楼面阔五间，进深三间，重檐歇山顶，穿斗式七架梁，底层为双步回廊，门洞为半圆拱，拱券纵联分节并列砌筑。

武笔塔

武笔塔位于盘县城关镇豆腐坡村东面2000米处。距城约2公里，建于明宣德年间，塔用石灰石砌成，通高10余米，由基、身、刹三部分组成，基呈圆柱形，直径5.2米，高3.34米；身为八棱柱形，边宽1.3米，高4米，中空，壁厚0.8米，塔身高至2.7米处，每面均砌有圆孔一个，直径0.4米；塔刹为圆锥形。现整塔保存完好，塔坐西朝东。

武笔塔全景

碧云洞摩崖石刻群

盘县碧云洞摩崖群位于镇西南部凤城山东南麓,系天然喀斯特溶洞。现存摩崖石刻多方,位于内外洞壁上,主要有"水洞""通天一门""天下奇观""碧云宫""复处春深""南之阳""尘清""独立撑天"及褚民谊题刻等。

走近石刻群,犹如翻阅一页页历史篇章,600年的盘县历史跃然眼前,展现出我国西南诸省政治、军事、交通、经济等方面沧桑变化的过程。比如蒋宗鲁解甲归田,内心的失落与身心的解脱和超然现于字里行间;褚民谊小人得志、不学无术的嘴脸同样让后人耻笑至今。细读摩崖石刻,便读出先人的内心世界,一个个鲜活的人物齐聚,犹如穿越了时空。

石刻群内容丰富,是研究贵州西部社会发展历史、咸同农民起义史、抗日战争史和古代民俗的实物资料。摩崖石刻书体多样,真、草、隶、篆、行皆有,有很高的艺术鉴赏价值。

范家公馆

范家公馆建于清嘉庆年间,由历任鄂州司马、同知、议政大夫等诸多职衔的范兴荣修建。自建成后,云贵诸多政务皆于厅内商议,公馆因此名声显赫。特别是1936年3月28日,红二、红六军团占领盘县老城后,军团领导居于馆内,红军当时在公馆墙上留下的标语"打到日本帝国主义出中国",现在还隐约可见。新中国成立后公馆被改为学校,现为民居。

公馆楼门为石木结构,整体建筑为木结构穿斗式歇山顶小青瓦屋面,四周有石脚夯土围墙。从建筑学的角度看,公馆高低有序,突出了建筑的美学效果。公馆的整个建筑风格和造型,都是按江南民居的实用性风格来设计的。范公馆作为一种历史载体,对研究贵州古建筑学、建筑艺术具有重要的意义。

张道藩故居

张道藩是中国现代历史上著名的政治家、画家和文化名人,作为国民党政要,他长期参与中国近现代重大的政治和文化事件,是民国的政治史、文化运动史、美术史、戏剧史都无法绕开的人物,其故居的保护和利用,有助于改善海峡两岸关系。

张道藩故居位于盘县城关镇北门社区西面500米处,始建于清康熙十七年(1678),坐南朝北,三进院落,分别由大门、过厅、正厅、厢房、客房、明楼和三个院坝组成,占地面积1449平方米,故居建筑大部分的木构件和窗花为清代原物,这在民居建筑中较为少见。其窗花式样特征突出,反映出明显的区域文化风格。新中国成立后,部分老建筑被改造成水泥房,现存堂屋、客房、明楼。

红二、红六军团盘县会议会址

红二、红六军团盘县会议会址位于盘县城关镇九间楼社区,俗称九间楼。民国25年(1936)3月28日,中国工农红军第二、第六军团进占盘县县城,设总指挥部于此,贺龙、任弼时、萧克、关向应、王震等在此召开重要军事会议。

九间楼坐北朝南,由上下各九间全木结构建筑构成,总建筑面积800平方米。一进门,由萧克将军题写的"红二、六军团盘县会议会址"大匾便映入眼帘。2005年,六盘水市组织"红军从咱家乡过"重走长征路大型活动后,盘县九间楼被纳入贵州省红色旅游规划路线。现如今的九间楼作为贵州省爱国主义教育基地、全民国防教育基地、全省廉政教育示范基地、已经成为盘县一个最著名的红色旅游景点,前来参观的人络绎不绝。

盘县会议会址近景

9 钟山荷城

荷城即水城老城,位于乌蒙山脉东北段东南麓水城盆地中部,六盘水市中心区东南隅。市区人民路、环城路隔城南北相对并列,交通便利。

荷城始建于清雍正年间,初建为土城墙,乾隆时期改为石墙,系采用石灰石剃打成的五面石砌就,墙高4.5米,厚2.7米,周长约1500米,开东、南、西三门,北门未开。荷城至今保持着清代街道的基本格局,自建城以来,长期为水城县政治、经济、文化中心，各个时代都有着丰富的人文历史文化遗存。城内民居多为明初和清时建筑，以单檐悬山顶穿斗双层四合院式为主，至今保存完好的有田君亮居宅，以及民国时期的城区区立小学教学楼等。城内古建筑保存完整，尚有观音阁、城隍庙、部分古城垣、老县委大楼等。特别是经过维修改造后的老县委大楼及新建的贵州三线建设博物馆、三线文化广场更是成为荷城标志性景观。

如今，荷城古镇经规划改造，在充分挖掘古城自然和人文资源特色的基础上，按照"水·彩·荷·城"规划设计理念，逐步被打造成黔西北一流的特色民俗旅游目的地和重要的山水文化度假中心。

水城城垣遗址

水城城垣遗址位于钟山区荷城街道办事处城南社区南600米处，现仅存东南面一段残垣。该城垣遗址始建于清雍正十年（1732）。根据记载，该城垣厚六尺，高一丈，周围三百七十二丈，垛口凡六百四十八。城门三：东"挹晖"、南"启文"、西"景成"。此遗址有重要的城建史、军事史研究价值。

观音阁

观音阁位于钟山区荷城街道办事处南城社区南300米处。始建于清光绪年间，现已成为六盘水市重要的宗教活动场所。观音阁位于老城北端一水石山上，坐北朝南，略偏西。始建确切年代待考，至迟在清嘉庆初年。观音阁对研究本地各种宗教文化和建筑均有较高的参考研究价值。

老城原城墙遗址

观音阁

历史上的观音阁

改建后的观音阁

城隍庙遗址

城隍庙遗址位于水城塔山脚东面,坐东北朝西南,系水城较早的寺庙之一,原建筑已毁,现为近年修建的水泥房。遗址二进四合院布局尚存。

田君亮故居

田君亮故居位于六盘水市钟山区老城解放路,清末建筑,四合院式布局,为水城著名历史文化人物田君亮出生之地。现存前屋、左厢房和正房,建筑面积212平方米。房屋均为穿斗式悬山顶木建筑,正房前檐装饰有雕花月梁、额坊,团为福寿变纹等。房屋保存较为完好。田君亮故居为研究清至民国时期水城木结构建筑发展变化及工艺水平提供了实物对象。

区立小学旧址

区立小学旧址位于钟山区荷城街道办事处茶树林社区。始建于民国6年(1917),坐北朝南,上下两层,单檐歇山顶,穿斗架,砖木混合结构。占地面积3200平方米。从兴建至1950年为城区区立高等小学校教学楼,1951~1958年为水城中学教学楼,1959年到20世纪80年代初为公安局办公楼,后改作公安局宿舍,现为私人住房。此学校为水城新学之首创,教学楼可作为研究水城教育发展史和民国初年土木建筑的实物,有较高的历史价值。

水城老县委大楼旧址及贵州三线建设博物馆

水城老县委大楼位于荷城龙洞山东北侧,为新中国成立初期修建,中西结合的三栋楼房相连,二楼为复合型砖混结构,盖小青瓦。现依托该楼新建了一座专门陈列展示六盘水"三线建设"时期文物遗存的博物馆,即贵州三线建设博物馆,并对周边环境进行了统一的改造整治,利用"三线建设"时期很多工业机械精心设计了三线文化景观,形成了可供市民游乐休闲的颇具特色的三线文化广场。

三线建设博物馆,是以收藏保管、研究、征集、陈列展示城市历史、工业和社会发展等方面的文化遗存和标本为主的城市公益性文化基础设施,是"阅读城市"的重要物质依托,通过该馆可窥见六盘水市工业文明及城市发展的历史进程。同时,三线建设博物馆也是六盘水市进行对外宣传的重要窗口和文化标志性建筑,在这里人们可以更加直观地了解六盘水,可从感受到六盘水人艰苦创业、奋发向上的时代精神。

贵州三线建设博物馆

七 现代风貌

金秋时节，凉都大地叠翠流金，稻菽飘香。"三池三湖"镶嵌于城市与峰丛之间，明珠璀璨；明湖湿地公园上的景观飘带桥如道道彩虹，凌空飞舞；广场上晨练的人们翩翩起舞，怡然自得。

从月照机场的开工兴建，到水盘高速的飞速建设；从盘南电厂的明珠璀璨，到老鹰山煤化工的华美诞生；从明湖湿地公园的大手笔描画，到凤凰山城市综合体项目的快速推进，近年来，六盘水市委、市政府带领320万市民，用辛勤的汗水和如椽巨笔，浓墨重彩地绘就了一幅加速发展、后发赶超、同步小康的壮美画卷。

1 特色都市

六盘水地处贵州西部，是一座因煤而生、因煤而兴的城市，素有"江南煤都"之称。江南九省的煤主要产在贵州，而贵州的煤主要产在六盘水。数据显示，六盘水煤炭远景储量844亿吨，探明储量180亿吨。正是这百年挖不完的地下乌金，在新中国成立后短短60余年时间，催生出了这座充满勃勃生机的现代化城市。

20世纪60年代，随着"三线建设"战略的实施，党中央、国务院从全国各地，调集了十万建设大军开赴六盘水，拉开了对六盘水地区丰富矿产资源开发的序幕。1978年12月18日，国务院批准六盘水建市。从此，一座新兴的工业城市便在莽莽乌蒙群山之中应运而生。

只有把城市做大了、做美了，才"装"得进现代制造业、现代服务业，才有能力接纳和培育战略性新兴产业，才可能真正形成产业集聚，进而提高城市综合实力，加快转型发展的步伐。为此，新一届六盘水决策层在第六次党代会上提出了"打造现代特色都市""建设实力、魅力、活力、文明、幸福六盘水"的战略目标，推动城市转型发展。

六盘水将打造城市综合体确定为新的"起跳点"，"引爆"现代特色都市之路。已经初具雏形的凉都体育中心是贵州省内唯一一个以体育文化为背景建设的城市综合体，这个占地面积36.7万平方米的城市综合体，不但填补了六盘水体育文化设施缺失的窘境，更提升了六盘水的城市品位。作为这座工业城市的新地标，体育中心城市综合体将更加有力地拉动第三产业的发展，打造新的经济增长极。

截至目前，六盘水共有体育中心城市综合体、红桥城市综合体、凤凰山城市综合体、明硐城市综合体等9个城市综合体被纳入贵州"100个城市综合体"项目库中。同时，六盘水还根据城市发展的实际需要提出优先发展商贸综合型、文化旅游型、办公会展型、产城联动型四大类城市综合体项目。

在加快特色都市建设的同时，六盘水还结合承办第八届贵州旅游产业发展大会的契机，启动了城市道路建设改造、环境卫生治理、旅游景点升级、星级酒店建设等旅发大会项目99个，其中核心项目84个，推进项目15个，总投资220余亿元。

完善城市功能是六盘水城建提速的第一把火。随着每天24小时不间断地进行"打磨"，六大城市广场、六个湿地公园、凉都体育中心、会展中心、美术馆、三线建设博物馆等设施在旅发大会召开前陆续完工。大会期间，六盘水以靓丽的"身影"展现在世人面前，引来广大宾客的一片惊叹。

在不断"扩容""提质"的同时，六盘水更注重对城市功能的"补课"，单单137座星级公厕的新改建，六盘水就砸下了1.5亿元，"小厕所，大民生"，六盘水从细节入手，完善城市功能的决心由此可见一斑。

行道树栽种、高效节能路灯更换、临街楼层外墙粉刷、城市道路白改黑等工程，总投资24亿元的城市环境综合治理工作让六盘水面貌焕然一新。漫步绿荫花海之中，徜徉霓虹彩霞之间，火树银花，游人如织，魅力凉都尽显繁华。

"借助旅发大会的召开，六盘水城市面貌日新月异、脱胎换骨。"旅发大会期间，前来参会的嘉宾和代表纷纷感叹。

如今，走进六盘水，明湖湿地公园波光潋滟、绿意盎然，白鹭翩翩飞舞；窑池、鹤池、凤池等组成了城市内部"会呼吸的绿肺",使六盘水显得更加清新而充满活力,六盘水真正成了云贵高原上熠熠生辉的一颗亮丽明珠。

凉都体育中心

2 产业发展

近年来,六盘水围绕"两加一推"主基调,大力实施"四化同步"主战略,谱写了一曲科学发展、跨越赶超的动人凯歌。

产业兴则工业兴,产业强则经济强。近年来,六盘水大力发展工业经济,工业发展走向了新的里程碑。六盘水现有原煤产能8000万吨,钢铁产能500万吨,电力装机容量700万千瓦,水泥生产能力500万吨,初步形成了以煤炭、电力、煤化工、冶金、建材、装备制造为支撑的工业体系。

在发展工业经济的过程中，六盘水市将发展循环经济作为主攻方向，坚决关停"五小"、取缔"两土"，小煤窑从原来的2475个减至289个。数量减、产量增，2012年原煤产量达到7156万吨，是原来的4倍。同时六盘水严格执行环保、安全、能耗等市场准入标准，运用经济、法律、行政等手段，给各地各部门定下节能减排硬任务，实行"环保一票否决"。

在发展循环经济过程中，六盘水把改进生产工艺实现清洁生产、研发高新技术吃掉"三废"作为发展循环经济的重中之重，加速"布局建设煤矸石综合利用电厂"，加速"推进页岩气、煤层气等非常规油气资源的勘探、开发和综合利用"，加速"建设六盘水煤制烯烃项目"，加速做精做强做大"煤电铝、煤电钢、煤电化、煤电材四个一体化"循环经济品牌、产业链品牌，加速开发利用水能、风能、生物质能来完善能源结构，加速具有六盘水特点的装备制造业和轻工业来完善工业结构，初步形成洗煤煤泥烘干利用、矿井水治理回收利用、焦炉煤气掺烧发电、余热余压发电，粉煤灰制新型墙体材料、冶金渣资源综合利用、煤矿瓦斯发电、煤矸石发电等循环经济发展模式，GDP的增长走向绿色GDP，万元GDP能耗降低3.43%，实现了环保效益、经济效益、社会效益的多赢。

循环经济变了戏法儿，废物垃圾摇身成了"金娃娃"，让六盘水人捧上了"聚宝盆"。目前，六盘水正全力打造路喜循环经济园等一批循环经济产业园区。以老鹰山煤化工、黔桂电厂煤焦化、恒远新型建材、新蓝天科技公司等为代表的循环经济形态已初具规模。2009年9月，国务院将六盘水列为全国资源富集区循环经济试点城市。2012年年初，国务院明确提出支持六盘水开展循环经济示范城市建设。六盘水人紧紧抓住这一千载难逢的大好机遇，以循环经济理念布局全市经济发展，在重点领域、重点项目，在企业、在社会各个方面唱响循环经济发展主旋律，循环经济的发展正在带动六盘水经济发展驶入科学发展的轨道。

产业园区作为加速工业化进程的"推进器"、经济发展的带动区、体制和科技创新的试验区、城市发展的新组团，要实施好"工业强市"战略，就必须全力抓好产业园区建设。为此，六盘水规划建设了红桥新区、水城经济开发区、六枝经济开发区、红果经济开发区、盘北经济开发区等12个产业园区。这些园区充分依托现有交通优势，立足传统支柱产业布局新的产业项目，通过引进超大型企业，充分发挥产业的聚集效应。

如今，放眼凉都大地，机器轰鸣，厂房林立，项目建设如火如荼，处处是一派热火朝天的建设场景。企业实力的不断壮大、园区的崛起、产业的聚集，为六盘水经济社会的发展积蓄了充足的能量。

在大力抓好工业经济发展的同时，六盘水市的农业现代化也取得了令人瞩目的成就。近年来，六盘水市大力发展马铃薯、蔬菜、茶叶、猕猴桃、畜牧、核桃、油茶、烤烟、中药材九大产业，农产品规模化、特色化、商品化水平不断提高。特色农业的发展，正在将六盘水的青山绿水变为老百姓的"绿色银行"！如今，随着农业现代化进程的推进，"合同"农业、"订单"农业在六盘水市广大农村兴起，有效解决了农民产销的问题,为农民架起了致富金桥。雾峰牌苦荞糊、滴水滩牌优质米、信友牌核桃乳、红心猕猴桃等众多带有乡土气息的特色农产品脱颖而出,成为六盘水农业结构调整中靓丽的新"名片"。

旅游业历来被认为是六盘水的"短板",可细细梳理,六盘水却从来不缺丰富的旅游资源。从北向南,喀斯特自然风貌、古文化遗址、30多个民族丰富多彩的民间文化,犹如颗颗明珠闪烁在乌蒙大地。加之夏季平均19.7℃的独特气候条件,六盘水的旅游可谓占尽了天时地利。可是有景无路,有景区无设施的"原生态"现状,加之包装和推介的缺乏,使得六盘水的许多旅游资源一直"藏在深闺无人知"。如何补齐旅游"短板"实现中国凉都的精彩亮相,成为了摆在六盘水人面前的问题。

为此,六盘水以承办第八届贵州旅游产业发展大会为契机,开发了五里坪户外运动基地、牂牁江风景名胜区、坡上草原景区、妥乐古银杏景区、百车河生态旅游度假区等11个旅游新景区,推出了"玉舍高山滑雪之旅""野玉海山地运动之旅"等6条精品旅游线路,培育了以休闲避暑、康体健身、户外运动、特色民族村寨等为主的旅游业态。

同时,六盘水借助丰富的户外运动资源,搭建了户外运动阵地,举办户外运动赛事,塑造户外运动品牌,吸引了更多户外运动爱好者前来观光旅游、比赛竞技。"19度的夏天、360度的激情"成为旅发大会夏季最具震撼力、穿透力、感染力的广告宣传语。旅发大会期间,六盘水举办了夏季国际马拉松赛、国际滑翔伞邀请赛、摩托车越野锦标赛、自行车越野赛、户外露营大会等体育赛事活动。

随着一届"圆满、精彩、出彩"的旅发大会的成功举办,六盘水变"短板"为"跳板","跳"出了工业城市最优美的旅游"弧线",唱响了"避暑来凉都"的最强音,为推进产业转型升级、逐步摆脱"路径依赖"、走出"资源陷阱"、防止"矿竭城衰"迈出了坚实步伐。

六盘水市人民广场全景

3 生态建设

走进六盘水市中心,映入眼帘的是郁郁葱葱的山林、波光粼粼的湿地公园,来过的人都说六盘水是"天然大空调"和"无夏大氧吧"。然而,很难想象,在20世纪八九十年代,这里还是一座小煤窑、土法炼焦炼锌厂星罗棋布,浓烟滚滚,夜晚炉火通明的粗犷发展型城市。

作为贵州乃至西南重要的能源原材料基地,六盘水是全国63个煤炭资源型城市之一,工业经济占了全市经济的半壁江山。多年来，六盘水一直奉行着"端煤碗、吃煤饭、念煤经"的发展方式。随着经济的增长，环境污染、地质灾害、资源枯竭等生态和社会问题日益凸显。

曾几何时，随着资源开发的全面起步和经济发展的不断提速，六盘水矿产资源浪费严重、水质持续下降、污染物排放总量居高不下等严重的生态环境问题接踵而至。六盘水的森林覆盖率最低时曾跌至7.55%，水土流失面积占了全市总面积的80%以上，荒漠化、石漠化现象令人触目惊心；空气受到严重污染，六盘水成为全国酸雨的重灾区；煤矿、洗煤厂没有经过任何处理的污水，源源不断地排进长江、珠江上游三岔河及北盘江，严重影响长江和珠江的水质。2007年年初，六盘水甚至登上国家环保总局"区域限批"名单。

为修复生态，再造秀美山川，六盘水把生态文明理念融入经济建设、政治建设、文化建设、社会建设的各个方面和全过程，统筹抓好退耕还林、天然林保护、珠江防护林体系建设、石漠化综合治理等重点生态建设工程的实施。加强对森林、草地、湿地等生态系统和自然保护区、饮用水源地的保护。目前，六盘水森林覆盖率从20世纪90年代初的7.55%增至2012年的41.2%，年平均增速均在1.7个百分点以上。截至2012年年底，全市森林面积达41万公顷，市区空气优良率年年达到100%。荒山秃岭重披绿装，生态建设取得历史性突破。

同时，六盘水开展绿色园区、绿色工厂、绿色城市、绿色社区、绿色家庭创建活动，倡导低碳环保的生产生活方式。全面推进城镇公共绿地、环城林带、交通沿线、景区景点绿化建设。建设了6个城市湿地公园,整个城区湿地面积已达87.9公顷。自2012年以来,数以万计的白鹭、红嘴鸥等鸟类开始在六盘水栖息,为六盘水"三线建设"以来历史罕见,这是六盘水市湿地面积扩大、生态环境改善的最好见证。2009年5月23日,经过专家的层层把关,六盘水获得全国"十佳绿色环保标志城市"称号,成为贵州省唯一入围的城市,可以说,这也是对六盘水市建绿护绿的最好肯定。

在2013年7月举办的生态文明贵阳国际论坛上,贵州省省委书记赵克志表示,绝不能走传统的工业化道路,必须选择一条既不破坏生态,又能让人们过上美好生活的新路子。要将生态文明建设融入经济社会发展的全过程,打造生态文明先行区,努力建设"东方瑞士",走向生态文明新时代。六盘水正用自身的绿色巨变,在贵州生态文明建设的征程上留下绿色崛起的闪光足迹。

六盘水,这座标本式的资源型工业城市,正由曾经"吃煤饭、念煤经、发煤财"的"江南煤都",向"生态之城、休闲之城、宜居之城"蝶变,为当下资源型城市的转型发展提供了一个范本。

近年来,六盘水紧紧抓住气候资源优势,大做气候文章,"中国凉都·六盘水消夏文化节"从2004年开始已连续举办十届。每一届"消夏文化节"都有丰富多彩的文化、体育、商贸、会展等系列活动。活动在满足全市人民群众日益增长的物质、精神文化需求的同时,既推动了六盘水的城市建设和经济社会发展,也让"中国凉都·六盘水"的知名度与美誉度得到极大提升。一年一度的"中国凉都·六盘水消夏文化节"已经成为六盘水打造"中国凉都"城市品牌强有力的支撑和重要平台,为六盘水市实现从"江南煤都"向"中国凉都"的战略转变、实现可持续发展奠定了良好的基础。

通过消夏文化节的举办,六盘水不遗余力地加大对外宣传,多元化推荐"凉都"品牌,精心雕琢城市形象,于是,"中国十大避暑旅游城市""全国十佳绿色环保标志城市"等城市名片"纷至沓来"。

这一张张城市名片,折射出城市的魅力和吸引力,并形成一种强大的辐射力和拉动力,成为六盘水市扩大对外交往、吸引投资与游人、提高城市核心竞争力、加快城市和区域经济快速发展的金字招牌。

花海湿地

后 记

《六盘水史话》是"十二五"国家重点图书出版规划项目《中国史话》之一种，旨在把六盘水的历史、地理、政治、经济、文化、民族和景观以生动活泼的文字、图片展示给广大读者。本书由市委书记李再勇任编委会主任，并亲自担任主编。市委常委、宣传部部长、市社科联主席杨宏远，市政府副市长、民盟六盘水市委主任委员范三川任副主任。他们对该书的编撰工作高度重视、亲自指导。

《六盘水史话》在编写过程中，得到市委宣传部常务副部长龚远鹏、市社科联专职副主席赵略、市地方志办公室主任余朝林、市委党史研究室主任李瑜、市文体广电局局长周应寿、市旅游局局长李飞霜等领导的关心和支持。王娟、胡松、杨兴宇、余漫江、张金文、陈涛、薛云、毕封、刘军等作者付出了辛勤劳动，最终得以成书。在编辑出版方面，得到了社会科学文献出版社和市社科联有关同志的大力支持和帮助。在此，对为本书编撰和出版给予帮助的所有同志表示由衷的感谢。

比起六盘水丰富的历史和鲜活生动的现实生活来，任何精美的文字表述都是苍白的，都仅仅是撷取了几朵浪花。本书仅给广大读者提供了一个寻访六盘水悠久历史文化的线索，有兴致的读者朋友们，不妨以本书为向导，顺藤摸瓜，寻幽探隐，以您的新发现，来批评、填补本书之缺憾。

《六盘水史话》编委会

2014 年 7 月

史话编辑部

主　　任　宋月华

副 主 任　黄　丹　杨春花

成　　员　(以姓氏笔画为序)
　　　　　王　和　王玉霞　刘　丹　孙以年
　　　　　连凌云　范明礼　周志宽　高世瑜

行政助理　苏运才

图书在版编目(CIP)数据

六盘水史话/李再勇主编.—北京：社会科学文献出版社，2014.12

（中国史话）

ISBN 978-7-5097-6257-8

Ⅰ.①六… Ⅱ.①李… Ⅲ.①六盘水市-地方史 Ⅳ.①K297.33

中国版本图书馆CIP数据核字（2014）第154667号

"十二五"国家重点图书出版规划项目

中国史话·社会系列

六盘水史话

主　　编 / 李再勇

出 版 人 / 谢寿光

项目统筹 / 宋月华　谢　安　　责任编辑 / 黄　丹

出　　版 / 社会科学文献出版社·史话编辑部（010）59367215
　　　　　　地址：北京市北三环中路甲29号院华龙大厦　邮编：100029
　　　　　　网址：www.ssap.com.cn

发　　行 / 定制出版中心（010）59366509　59366498
　　　　　　市场营销中心（010）59367081　59367090
　　　　　　读者服务中心（010）59367028

印　　装 / 北京鹏润伟业印刷有限公司

规　　格 / 开　本：889mm×1194mm　1/32
　　　　　　印　张：5.625　字　数：117千字

版　　次 / 2014年12月第1版　2014年12月第1次印刷

书　　号 / ISBN 978-7-5097-6257-8

定　　价 / 25.00元

本书如有破损、缺页、装订错误，请与本社读者服务中心联系更换

▲ 版权所有 翻印必究